治国理政新实践丛书

NEW PRACTICES IN THE GOVERNANCE OF CHINA SERIES

决战

2020

FINAL BATTLE IN 2020

拒绝贫困

王家华◎著

中国出版集团 | 全国百佳图书

中国民主法制出版社 | 出版单位

图书在版编目（CIP）数据

决战2020：拒绝贫困 / 王家华著. — 北京：中国民主法制出版社，2016.2

（治国理政新实践丛书）

ISBN 978-7-5162-1125-0

Ⅰ.①决… Ⅱ.①王… Ⅲ.①贫困问题—研究—中国 ②扶贫—研究—中国 Ⅳ.①F124.7

中国版本图书馆 CIP 数据核字（2016）第 033355 号

图书出品人：刘海涛

文 案 统 筹：赵卜慧

丛 书 策 划：胡孝文

责 任 编 辑：胡百涛　陈棣芳

书名/ 决战 2020：拒绝贫困

作者/ 王家华　著

出版·发行/ 中国民主法制出版社

出版·发行/ 北京市丰台区右安门外玉林里 7 号　（100069）

出版·发行/ （010）63056573　63058790　63055259（总编室）

出版·发行/ （010）63056983　63058790

出版·发行/ 16 开　787 毫米 ×960 毫米

印张/ 14.5 字数/260 千字

版本/ 2016 年 3 月第 1 版　2016 年 3 月第 1 次印刷

印刷/ 北京盛源印刷有限公司

书号/ ISBN 978-7-5162-1125-0

定价/ 42.00 元

出版声明/ 版权所有，侵权必究。

序 | Preface

消除贫困、改善民生、逐步实现共同富裕，是人类梦寐以求的理想。作为世界上最大的发展中国家，新中国成立以后，在几代领导人的带领下，成功走出了一条中国特色的减贫发展道路，为全世界减贫事业作出了重大贡献。尤其是党的"十八大"以来，习近平总书记洞见全面深化改革的新的重要战略机遇期，审时度势，提出了"全面建成小康社会、全面深化改革、全面依法治国、全面从严治党"的战略布局，作出了到 2020 年我国现行标准下农村贫困人口全部脱贫的庄严承诺，为加速中国经济发展，全面实现共同富裕开启了新的辉煌征程。

五年时间，7017 万较深程度的农村贫困人口全部脱贫，是全面建成小康社会、实现中华民族伟大复兴中国梦"第一个百年"奋斗目标最具刚性的指标要素。有效时限短，减贫成本高，脱贫难度大，脱贫攻坚可谓一场硬碰硬的艰难大决战，是摆在党和政府以及全社会面前的最为宏大的课题。这几年，笔者有幸参加了国务院扶贫办组织的系列扶贫志愿服务活动，参与了一些精准扶贫工程方案的研讨设计工作，很受启发和教育，《决战 2020：拒绝贫困》这部书正是基于我这些年对国家扶贫开发工作的思考所做的阶段性总结。

《决战 2020：拒绝贫困》在编撰过程中紧密结合国家脱贫攻坚大战略，尝试从国家扶贫政策与脱贫实践相结合的角度，立足政府、社会、市场三位一体空间，努力以全新的视野来阐释脱贫攻坚的战略指导，探讨贫困地区和贫困人口脱贫的思维与路径，希望能对读者有启益。

这部书以领袖的扶贫情怀开篇，意在让读者深深感知习近平总书记的殷殷忧困之情，唤起广大读者关心国家扶贫大业的意识和责任，接着以第一、第二章阐述决战贫困的战略指导与面临的环境条件。在此基础上，又以四章的篇幅阐释决战的战略设计、主突方向以及关键环节和基本模式，力求逻辑严谨，结构合理，论据丰富，阅读性强，有新的探索和认识。

2016年是国家脱贫攻坚的开局之年。笔者在新年伊始推出《决战2020：拒绝贫困》这部书，真诚希望拙著能有助于提高社会对国家脱贫攻坚的认知度，引导更多的企业、社会组织和公民个人参与到国家的脱贫攻坚战中来。

王家华

2016 年 1 月 30 日

目　录｜CONTENTS

开篇语

领袖的扶贫情怀

中国"2015 减贫与发展高层论坛"大会，于 2015 年 10 月 16 日上午在人民大会堂如期举行，习近平总书记的主旨演讲《携手消除贫困，促进共同发展》，向世人明示了中国政府的扶贫成效与发展政策，博得了国内外与会者的阵阵掌声，同时，他的一番自我剖白，更使世人触感了这位大国领袖的深深扶贫情怀，赢得了国内外一致的高度敬意。他说："40 多年来，我先后在中国县、市、省、中央工作，扶贫始终是我工作的一个重要内容，我化的精力最多。我到过中国绝大部分最贫困的地区，包括陕西、甘肃、宁夏、贵州、云南、广西、西藏、新疆等地。这两年，我又去了十几个贫困地区，到乡亲们家中，同他们聊天。他们的生活存在困难，我感到揪心。他们生活每好一点，我都感到高兴。"真可谓，句句字字，真切体现了领袖对贫困人群的殷殷深情。

一、一往情深的扶贫情结

回溯习近平总书记的足迹，我们可以清晰地看到：他一往情深地心系人民、爱戴人民、时时刻刻无不牵挂着穷苦百姓的大爱情怀；他无论是在哪个地方，身居何位，扶贫济困、实现共同富裕是他一直的信念坚守，并且他孜孜不倦、持之以恒地朝着这个方向不断地努力着。

（一）在梁家河

梁家河，这个陕北的农村，时下已为世人所熟知，因为习近平总书记在这个村当过农民，担任过大队党支部书记。当年，总书记与父老乡亲战天斗地、向贫困宣战的情节，还在当地上了年纪的人们中交口相传。

习近平总书记曾不无深情地回忆道：回顾中国几十年来减贫事业的历程，我有着深刻的切身体会。20 世纪 60 年代末，我还不到 16 岁，就从北京来到了陕北一个小村庄当农民，一干就是 7 年。那时，中国农村的贫困状况给我留下了刻骨铭心的记忆。总书记说的这个陕北的小村庄，就是现在闻名遐迩的陕西省延川县文安驿乡梁家河村。正是在这里，中国农村的贫困状况铭刻在了总书记那颗年轻火热的心底，也由此开启了他致力于为中国人民脱贫致富的奋斗历程。

时空穿越到 20 世纪的 60 年代末。1969 年，年仅 16 岁的习近平主动报名参加了"上山下乡运动"，离开从小生活的北京，坐火车换汽车，最后步行近 10 公里山路来到了梁家河大队，成为了这个村的农民。年轻的习近平，给予人们与众不同的最初印象，他身材魁梧，透着沉稳坚毅，显得不同于众；再一个明显的不同是，在同行的 15 名知青中，他的行李最重，除了换洗衣物外，还带来了满满的一箱子书。

20 世纪六七十年代的中国农业，机械化水平还很低，农民还沿袭着很传统的耕种方法。习近平和乡亲们一起早出晚归，辛辛苦苦劳作于田间，挑粪、耕地、播种、收割、放羊，日复一日，大干苦干。人们很快发现，这个北京来的娃，不娇气，能吃苦，干活不惜力，任劳任怨，很快就和乡亲们打成了一片，成为一个"地道"的农民。不仅如此，这个娃回到窑洞里不是读书，就是给村民们讲外面的故事。他赢得了一致的好评，1974 年 1 月，习近平光荣加入了中国共产党，不久，又被选为梁家河大队党支部书记。这是一个了不起的标志。那个时代过来的人都知道，那时的大队党支部书记，就是一个大队的当家人，若不是绝对出色，一个 21 岁的年轻人，是不可能被赋予这份重任的。

当选为大队党支部书记的习近平，深知肩上的责任，他处处以身作则，艰苦奋斗，在寒风刺骨的冬天，穿着胶鞋，带领着大家去冰面上打坝。平时乡亲们都只是在支沟打坝，而习近平不惧艰险，去乡亲们都不敢去的正沟里打，天寒地冻，他跳进沟里搬冰块，他的行动感动了在场的乡亲们，乡亲们纷纷跳下去大干起来。最终，大家齐心协力开垦出更多的良田，扩大了粮食种植面积。

习近平吃苦耐劳，更具创新精神。1974 年，他在报纸上看到四川绵阳利用沼气做饭照明的报道，便前往实地考察学习。回来后，他带领大家在梁家河创建了第一口沼气池，为乡亲们解决了烧柴、照明问题，改善了乡亲们的生活，也为队里生产提供了肥料，增加了集体收入。梁家河的先进经验，引起了人们极大关注，也被其他村纷纷效仿，乡亲们都称"习书记，有知识，点子多"。

（二）在正定

正定，是一座历史文化名城，素有三关雄镇、神京锁钥、八方交汇之称。《三国演义》中的常胜将军赵云就是正定人，由于这部名著的经久远播，正定也是世人皆知。毛主席就曾说过"正定是个好地方，那里出了个赵子龙"。

就是这座历史文化名城，注定还要迎来一位务实亲民的好书记，在现代中国留下它的荣誉。

1982 年 4 月初的一天，习近平乘着一辆绿色的吉普车来到了河北省正定县的县委大院，担任县委副书记，那年他 28 岁。一年后，他出任县委书记，至 1985 年 5 月离开，在正定县整整工作了三年。他脚踏实地，谦虚谨慎，全心为老百姓办实事，让人民摆脱贫困走向富裕。在他的带领下，正定县经济有了很大发展，基本解决了老百姓的吃饭问题。人们也从心眼里感激这位年轻的县委书记，当他调离正定去往福建任职时，好多人对他依依不舍。

习近平走马上任，也有人并不看好他。有人说"高干子弟，无非是下来镀镀金，做做样子，用不了半年，吃不下这份苦就会卷铺盖走人"。还有人说，"来了个嘴上没毛的管我们"。可见大家对这位年轻的县委书记并没抱什么希望。可出乎意料，这位年轻的书记，有头脑，有韧劲，很快给人们带来了惊喜。

习近平发现，正定县由于长期在单一经营的死胡同里兜圈子，片面追求粮食高产，踩棉花，挤油料，压瓜果，砍副业，每年上缴完粮食征购任务后，剩下的不足以满足老百姓生活。习近平看在眼里，疼在心上。他深知，让乡亲们改变贫困现状，解决吃饭问题，摘掉"高产穷县"的高帽子才是当务之急。习近平清楚地认识到，是高征购造成了正定农业结构的比例失调和老百姓的吃饭困难。于是，他和时任正定县委副书记吕玉兰一起，如实向上级相关部门汇报了正定县的实际情况，请求降低征购基数，减轻人民负担。中央派出调查组深入调查和核实后，认为正定县的要求是合理的，决定把正定县的粮食征购任务，由原来的 7600 万斤减少到 2800 万斤，由此大大减轻了正定县的经济负担，基本解决了全县农民口粮紧张的问题。

吃饭问题基本解决了，习近平就一心扑在了农民致富上。他在报纸上看到，南方的一些农村推行"大包干"，效果不错，经过深入调查研究发现，"大包干"分配简单，农民很容易接受，并且可以调动大家的积极性，便向县委提出推广建议。在县委的支持下，习近平决定在经济较落后、生产力较低的里双店公社进行试点，并确立了"先行试点，逐步推开"的工作思路。经过一年的实践，里双店的农业产值翻了一番，农民收入增加到 400 多元，引起全县乃至河北省的巨大反响。由此，"大包干"在正定县全面展开，使正定县的农业经济基础得到有效巩固，正定人民的经济生活水平上了一个新台阶。

在全县农业经济不断发展的同时，习近平又开始了全县综合经济发展的实践探索。他和县委班子带领干部去南方改革开放先行的城市考察学习，开拓思路，解放思想。他认为，正定的地理位置优越，紧邻石家庄市区，107 国道和京广线、石德线铁路大动脉穿境而过，交通便利，经济基础优厚，粮食产量高，经济发展的思路必须瞄准城市：城市需要什么，我们就种什么；城市需要什么，我们就加工什么。为此，他提出正定农业发展必须处理好粮食作物和经济作物的关系，要求全县把思想统一到大力发展多种经营、特色种植上来。在他的直接领导下，1983 年，全县的棉花种植面积增加到 17 万多亩，多种经营收入达到 4300 万元，社员收入由 100 多元增加到了 200 多元。为发展食用菌，习近平还写信给南京汇宁县化肥厂厂长，求教蘑菇种植技术，派人从该厂拉回种植蘑菇的重要原料——尾沙，使蘑菇种植在正定扎了根，为农民增加了收入。同时，他还大力推动发展乡镇企业。截至 1985 年，正定的淀粉加工、肉制品加工、面粉加工等乡办企业、联合体企业形成一定规模，年产值达到 8850 万元，比 1980 年增长了 200%，使全县经济发展走在了河北省的前列。

（三）在福建

福建，是习近平总书记任职最长的一个省份。从 1985 年 6 月任职福建省厦门市副市长，到 2002 年 9 月调任浙江省委书记，他在福建工作了 17 年有余。无论是任职厦门，还是主政宁德，或是领导福建全省，他始终是心系百姓，时刻关心百姓疾苦，把百姓摆脱贫困作为工作的重点。在他的领导下，福建发生了巨大变化，许多贫困地区成功摆脱了贫困，尤其是贫困的畲族地区脱贫致富。他与福建的人民结下了深厚的情谊，真情扶贫畲族群众的事迹至今广为传颂。

福建是一个少数民族散落杂居的省份，少数民族人口近 80 万人，其中又以畲族人口最多，共计 36.55 万人，占到全国畲族人口的一半以上，主要分布在宁德地区。1988 年 6 月，习近平调任宁德地委书记，即挂钩扶贫福安市坂中畲族乡。上任不到一个月，就来到畲族人口占 60% 的福安市甘棠镇过洋村调研，三个月后他跑遍了宁德地区九个县的村村镇镇。

习近平不惧艰难，走村串户，亲力亲为，令人感动。

为了深入了解少数民族群众的生活情况，他经常一连数日坐着吉普车在崎岖的山路上颠簸，在泥泞的乡间小道上跋涉，常常累得连腰都直不起来。1989 年初夏的一天，太阳刚爬出山坳，正在秧田里劳动的大林村党支部书记钟通弟远远看见三个人向村里走来。走近后，其中一人指着中间一位满头大汗的年轻人说："这是地委习书记，来村里了解情况。"钟通弟知道，大林村只有一尺宽的山间小路通外，崎岖陡峭，从福安市坂中畲族乡政府到村上来，好脚力的也要走上一个多小时。而地委书记习近平这时已站到了他的面前，他说："我满身泥，满手汗，可习书记一点不嫌弃，主动伸出手和我握手。"钟通弟放下秧苗，就带习书记等三人往村里走，边走边介绍村里情况。

　　这是习近平总书记在福建工作期间的一个调研片段，而他带头"四下基层"，跑遍了福建的所有贫困地区，仔细调查研究，不说大话，不说空话，不说套话，为福建的治贫治愚尽心尽力，留下了一份宝贵的精神财富。

　　习近平经过调研发现，闽东畲族的贫困面非常广，而且脱贫又返贫的现象相当严重；该地区的经济还处于自然经济、半自然经济的状态；再加畲族人民大都居住在偏远地区，交通不便，信息闭塞，缺技术缺人才，难以发展。面对如上情况，习近平因地制宜地制定出了一系列方针政策，如根据本地的特点大力发展生产力；摆脱封闭单一的自然经济状态，向商品经济发展，扶持、兴办经济实体；利用当地自然资源优势，建立自己的经济模式；变"输血"式帮扶为内外联动"自我造血"式精准扶贫等。在他的领导下，宁德地区"弱鸟先飞"，脱贫率达到了 96% 以上。

　　赤溪村，是宁德地区福鼎市磻溪镇下辖的一个畲族行政村。1988年6月习近平调任宁德地委书记时，这里的村民住的是茅草房，照明用的是木片和煤油灯，吃的是地瓜饭和苦菜配盐水，日子清苦。面对赤溪人民的贫困，在国家和福建省扶贫政策的大力扶持下，习近平展开了脱贫致富的攻坚工作。他提出"先有钱，先办电"，大力推动福鼎桑园电站建设。在他的大力推动下，1991年桑园电站获批动工建设，1993年成功建成，赤溪人民不仅成功通电照明，还因此有了第一条通往福鼎市磻溪镇的泥结石路。1994年8月，赤溪村下山溪畲族自然村又启动了搬迁造福工程，到1995年5月，这个自然村的所有村民都迁入了新居。1996年12月4日，赤溪村的水库建成，总库容7350万立方米，电站总装机容量 3×12.5mw 水轮发电机组，这是福鼎市历史上最大的扶贫项目。电站的建成不但使赤溪的村民务工增收，而且旅游的开发也大大增加了收入。2014年，赤溪村人均可支配收入从1984年的不足 200 元增加到 2014 年的 11674 元，村财政收入从无到有，2014 年达到 25 万元。赤溪村从此有了"中国扶贫第一村"的称号。

20 世纪 80 年代末，宁德地区针对贫困偏远的地方推行"造福工程"，即能修路的地方就修路，条件恶劣、无法修路的地方就搬迁，使群众较快脱贫。习近平大力推动这项工程，到 1993 年，全区已有 76 个村 1289 户 6235 人完成搬迁。宁德蕉城区霍童镇东岭村就是一个典型的例子。东岭村地处大山的半山腰，村民的生存环境非常恶劣，外出买点东西来回要花两个多小时，出行困难，生活贫困。村主任钟庆双还记得，有一次，半夜醒来，发现山洪都冲到床铺前了。在习近平的要求下，他们搬出了大山，不仅居住安全，而且完全实现了脱贫。现在东岭村两三层的楼房随处可见，村里因地制宜，发展毛竹、茶叶、水果等种植业。

1994 年，福建省将"造福工程"列入省委和省政府为民办实事项目。1997 年 5 月，省政协的一份调研报告摆在分管全省农业、农村工作的时任省委副书记习近平的案头。报告反映，尽管近几年来全省脱贫致富奔小康工作取得了显著成绩，但在闽东仍有一些少数民族群众住在以茅草为顶、泥土为地的茅草房里。习近平高度重视，多次召集有关部门商讨解决办法，并深入闽东的福鼎、霞浦等地调研，形成专题调研报告，建议进一步把闽东少数民族居住区的脱贫致富奔小康工作作为重点，在政策、资金等方面给予扶持。那次调研，习近平还到了周宁、福安的一些老区基点村和少数民族村。他说，贫困地区基本都位于老区和民族聚居区，对民族聚居区要像对待老区基点村一样进行扶持，下基层要多跑困难的山区，多往那些交通不便甚至不通公路的山村走走。要带着感情去调研，从根本上去扶贫。福建省在全国率先实施的"造福工程"硕果累累，截至 2014 年底，全省有 6000 多个自然村、101 万人整体实施了搬迁。

这一为民惠民之举，深得老百姓拥护。人们在新居贴上"造出一番新天地，福到农家感党恩"的大红对联，表达朴素而真挚的感恩之情。

（四）到阜平

阜平，是习近平任总书记仅一个月时间就视察的贫困地区。习近平总书记说，我到过中国绝大部分最贫困的地区，这两年，我又去了十几个贫困地区。他上任伊始，第二次外出考察就专程看望老区困难群众，做贫困调研，足见总书记的扶贫深情。

2012 年 12 月 29 日，习近平总书记冒着零下十几摄氏度的严寒，来到地处太行山深处的全国扶贫开发重点县河北省阜平县，看望困难群众，共商脱贫致富之策。

这次考察是习近平总书记提出的，目的是了解中国最贫困地方和群众的真实情况，思考经济社会发展的"短板"，共商全面建成小康社会大计。总书记强调，不管路多远、条件多艰苦，都要完成此行。考察中，总书记要求：见群众，听真话，摸实情，绝不允许弄虚作假。村民有什么说什么，说不上来不要紧，但不能搞"培训"，更不能"导演"。村民家里也不许搞装饰，要保持村里生活的原生态，原汁原味，不要为这次考察活动添置哪怕　个新板凳。

这次调研，行程紧凑，内容务实，29 日下午 3 时从北京出发，30 日下午 1 时许离开，20 多个小时，往来奔波 700 多公里，走访了两个贫困村，召开了两场座谈会。习近平总书记提出，要把帮助困难群众脱贫致富摆在更加突出的位置，各项扶持政策要进一步向革命老区、贫困地区倾斜，"因地制宜、科学规划、分类指导、因势利导"，尽快帮助革命老区、贫困地区脱贫致富。

调研中，习总书记关心群众，平易近人，给人民群众留下了深刻印象。67 岁的村民唐宗秀说："总书记知道咱们这儿困难，来访察访察生活好不好，不叫咱受罪。他进屋里，也没嫌干不干净就坐下来，说我的口音像山西话，和我拉家常，很是亲切。"

二、《摆脱贫困》的真知灼见

习近平总书记在宁德地区任地委书记期间，以时不我待的担当精神，开创了闽东地区脱贫致富的实践，也留下了他对于脱贫致富的真知灼见。1992 年福建人民出版社出版的《摆脱贫困》一书，收录了习近平总书记自 1988 年至 1990 年在宁德地区工作期间的 29 篇文章，书中提出的发展经济、摆脱贫困的一些科学论断，不失为今天打赢脱贫攻坚战的思想指南。

（一）弱鸟可望先飞，至贫可能先富

《弱鸟如何先飞——闽东九县调查随感》，是《摆脱贫困》一书的首篇。这篇文章，是总书记时任宁德地委书记 3 个月后写下的第一篇调查报告。"弱鸟可望先飞，至贫可能先富"，就是这篇文章中提出的辩证思想。

20 世纪 80 年代的宁德地区，由于历史、地理原因，大多数地区还处于自然经济、半自然经济的贫困状态，尤其是居住在偏远地区的畲族群众。这样的闽东贫困地区，是否可以先飞致富呢？这确实是一个亟须回答的现实问题。这个问题不能正确回答，就不可能调动摆脱贫困的意识。而意识贫困，也就必定经济贫困。

习近平 6 月上任，7 月初至 8 月初，就协同地区几位领导同志，对闽东九个县进行了深入调研，边调研，边思考，边研究，给出了肯定的科学回答。处于贫困境地的弱鸟，"有没有'先飞'这个话题的一席

之地呢？我看，不但有一席之地，还有大讲一下的必要"。就是要跳出老框框看问题，摒弃依赖上级、向上级伸手、不思进取的懒困状态，解放思想，更新观念，"地方贫困，观念不能'贫困'。'安贫乐道'，'穷自在'，'等、靠、要'，怨天尤人等等，这些观念全应在扫荡之列"。我们的干部、我们的群众要四面八方去讲一讲"弱鸟可望先飞，至贫可能先富"的辩证法，振奋每一个人的精神。

习近平说："我们有必要摆正一个位置：把解决原材料、资金短缺的关键，放到我们自己身上来，这个位置的转变，是'先飞'意识的第一要义。我们要把事事求诸人转为事事先求诸己。"他认为贫困地区"完全有能力在一些未受制约的领域，在贫困地区中具备独特优势的地方搞超常发展"。"贫困地区完全可以依靠自身的努力、政策、长处、优势在特定领域'先飞'，以弥补贫困带来的劣势。"

这一思想极具创新意义，闽东以及其他贫困地区脱贫致富的事实，证明了这一思想的正确性。

（二）靠山吃山唱山歌，靠海吃海念海经

闽东地区摆脱贫困，第一要义是发展经济。如何发展，找对方向和路子是关键。习近平说"要使弱鸟先飞，飞得快，飞得高，必须探索一条因地制宜发展经济的路子"。这就是因地制宜，"靠山吃山唱山歌，靠海吃海念海经"。

闽东地区的实际情况是"老、少、边、岛、贫"，而优势是农业资源丰富。因此，习近平把发展的关注点放在特色资源的开发和利用上，大力发展乡镇企业，全面发展农、林、牧、副、渔。在习近平的带领下，闽东的林业、茶叶、水果等特殊产品快速发展起来，乡镇企业得到加速发展，吸收了大量剩余劳动力，扩大了农村积累，大大增加了农民收入。

唱山歌，念海经，不同地区各有强项，只有趋强避短，才是脱贫真经。习近平针对宁德地区的实际情况，"因地制宜，分类指导，量力而行，尽力而为，注重效益"，立足本地资源优势搞开发，充分发挥了宁德地区的山、海优势，使农业、工业两个轮子转了起来，走出了一条脱贫致富的好路子。

（三）精神上意志上的帮扶更为重要

有位企业家到西部考察，到了一户穷苦农民家。企业家虽然见到过不少的困难户，但还没有见过这么穷的人，吃饭连双筷子都没有。这位企业家很揪心，便想帮助这户人家。然后，企业家在这家房前屋后转了一圈，看到的却是这家屋后有一片竹林，心想：有这么多竹子，这家都不想用它来做筷子，实在太懒了，帮助这样的人有什么意义呢？企业家一点东西也没留下就走了。这个故事告诉人们一个道理，头脑中的"贫困"是非常可怕的。

习近平总书记说："只有首先'摆脱'了我们头脑中的'贫困'，才能使我们主管的区域摆脱贫困，才能使我们整个国家和民族摆脱贫困，走上繁荣富裕之路。"他在《摆脱贫困》一书中明确提出了扶贫先要扶志的重要思想。他提出，"扶贫先要扶志，要从思想上淡化贫困意识。不要言必称贫，处处说贫"。人穷不能志短，要提倡滴水穿石的精神。贫困并不可怕，最怕的是思想贫乏，没有志气。精气神足了，摆脱贫困的步伐才能更坚定。闽东人民始终不会忘记总书记的谆谆教导，发挥自己的优势，不断解放思想，不断开拓思路。过洋村人牢记习近平的教诲，勇敢闯市场，不断拓展新的致富门路。1990 年，过洋村被国家民委授予"全国少数民族团结先进村"称号，村里的青年葡萄种植能手钟菊春被评为"全国科技星火带头人"。1992 年，看到培育茶苗效益比葡萄还要高出几倍，过洋人立即跟进。如今，他们培育的茶苗远销广东、广西、云南等地，甘棠镇也成为全国有名的茶苗繁育基地。2014 年，全村工农业总产值达 860 万元。

习近平为闽东畲族地区的发展规划了一个科学的路线图——树立"市场为主导"的战略思想，确立"市场—技术—资源"的发展战略，走"双向开放"和"双向开发"之路。"双向开放"即对内、对外同步开放，"双向开发"即资源、市场同时开发。正是循着这一思路，习近平当年为福建民族地区发展规划的美好蓝图，正逐渐成为现实。

经济、文化基础薄弱的民族地区，要摆脱"穷"与"愚"互为因果的恶性循环，提升教育水平，既是当务之急，也是长远之计。然而，由于历史、自然条件等原因，长期以来，畲族群众的教育水平普遍偏低。越穷的地方越难办教育，但越穷的地方越需要办教育。办好少数民族教育，成为习近平最关心的问题。主政宁德时，习近平就提出，"教育问题是绝对不允许'等一等'的"，必须"真正把教育摆在先行官的位置，努力实现教育、科技、经济相互支持、相互促进的良性循环"。为此，习近平从战略的高度，大力抓了培养少数民族干部的工作，抓了中小学的教育工作，极大地改善了闽东老、少、边、岛、贫地区的经济建设发展的软环境。

在习近平扶贫理念的指引下，少数民族脱贫事业在福建省扎实推进，包括闽东在内的少数民族地区发展成果丰硕，一个又一个像赤溪村这样的"穷村巨变"故事，在八闽大地上演，千千万万少数民族群众，脱贫致富奔向小康。2014 年，福建全省民族乡农民人均纯收入和少数民族人均纯收入双双突破万元大关。

三、《之江新语》的深刻思考

《之江新语》是习近平总书记任职浙江时的著作。该书辑录了他

2003 年 2 月至 2007 年 3 月在《浙江日报》"之江新语"专栏发表的 232 篇短论。这些短论，运用马克思主义的立场、观点和方法，阐释了经济社会科学发展的正确主张，及时回答了现实生活中人民群众最为关心的一些问题。

关于扶贫问题，书中也提出了新的深刻思考。

（一）把欠发达地区当成新的经济增长点

2003 年 1 月 20 日，在浙江"两会"期间，时任浙江省省委书记的习近平，参加了省人大温州代表团的讨论，他特别强调要把欠发达地区当成新的经济增长点。他深刻指出，"欠发达地区不是包袱，要给予政策，赋予观念，为他们创造更多的发展机遇和条件。只有让欠发达地区也能实现小康，才能推进全省的全面小康和现代化"。无疑，这是一个新的论断。浙江是一个经济发达的省份，省内欠发达地区一定有着较大的发展空间。瞄准欠发达地区用力，就会加速全省经济的整体推进。而且，也只有整体推进，才能全面建成小康社会。

他说，浙江"七山一水二分田"。贫困人口多数分布在这些山区，还有不能忘记困难的海岛和少数民族的群众。浙江要继续积极推动欠发达地区整体发展，缩小与发达地区之间的差距。"在欠发达地区，要倡导自力更生、不等不靠的观念，强化自我发展能力"，实现浙江经济的全面协调可持续发展。

（二）扶贫要扶真贫

习近平说："贫困地区也有 100 万元的富裕户，我们的扶贫要扶真贫，要把握贫困动态的变化，讲求针对性，使投入的钱真正让贫困户受益。"他还进一步强调，要结合浙江的实际，把握点状贫困的特点，把帮扶工作做到村，做到户，这样才可以扶到真贫。这一思想，在习近平担任总书记后，成为国家扶贫的一条基本原则。坚持精准扶贫，必须解决好扶持谁、谁来扶、怎么扶的问题，做到扶真贫、真扶贫、真脱贫，切实提高精准扶贫的成效性。

（三）为民造福的事要千方百计办好

扶贫工作，说到底就在于求真务实，狠抓落实。习近平说："在任何时候任何情况下，都要始终坚持把最广大人民的根本利益放在首位，自觉用最广大人民的根本利益来检验自己的工作和政绩，做到凡是为民造福的事就一定要千方百计办好，凡是损害广大群众利益的事坚决不办。"

2012年，习近平总书记在河北阜平县考察扶贫开发工作时进一步强调："多想想我们干的事情是不是党和人民需要我们干的，要一心一意为老百姓做事，心里装着困难群众，多做雪中送炭的工作，常去贫困地区走一走，常到贫困户家里坐一坐，常同困难群众聊一聊，多了解困难群众的期盼，多解决困难群众的问题，满怀热情为困难群众办事。"

四、十八大以来的重要思想

中国共产党第十八次全国代表大会，选举习近平为中共中央总书记，开启了现代中国向贫困宣战的新时代，到2015年，千年发展目标在中国基本实现，习近平总书记关于扶贫脱贫的一系列决策与主张深得全党全国人民拥护。

（一）立下愚公移山志，打赢脱贫攻坚战

愚公移山是一个家喻户晓、人人皆知的寓言故事。它讲述了一个名

叫北山愚公的老人，决心搬掉挡住他家出路的太行和王屋两座大山，他带领子孙们不畏艰难，毫不动摇，每天挖山不止，最终感动上帝派神仙将两座山背走了的故事。

这个故事之所以在中国被熟知，是因为 1945 年毛主席讲过这个故事。他强调要用愚公移山的精神，在中国共产党的领导下，搬走日本帝国主义和封建主义两座大山，解放全中国。70 年后，中共中央总书记习近平在中央扶贫开发工作会议上，又鲜明地强调要立下愚公移山志，坚决打赢扶贫攻坚战。

70 年前，毛主席在面对解放全国的决绝任务时，阐发了愚公移山的精神。70 年后，习总书记在全面建成小康社会的历史时刻，又重提发扬愚公移山的精神。时空穿越了 70 年，中国已今非昔比，但两位领袖在不同的时空同用愚公移山的精神，表明的道理却是相同的，这就是要像愚公那样，横下一条心，不惧艰辛，战胜一切困难，取得最后胜利。

习近平总书记说，消除贫困，改善民生，逐步实现共同富裕，是社会主义的本质要求，是我们党的重要使命。全面建成小康社会，是我们对全国人民的庄严承诺。脱贫攻坚战的冲锋号已经吹响。我们要立下愚公移山志，咬定目标、苦干实干，坚决打赢脱贫攻坚战，确保到 2020 年所有贫困地区和贫困人口一道迈入全面小康社会。

全面建成小康社会，摆在我们面前的还有一座贫困"大山"，我国的贫困人口规模依然较大，贫困人口贫困程度较深，减贫成本更高，脱贫难度更大。实现到 2020 年让七千多万农村贫困人口摆脱贫困的既定目标，时间十分紧迫，任务相当繁重，我们必须发扬愚公移山的精神，发挥主观能动性，脚踏实地，坚持不懈，克服万难，最终实现全面建成小康社会的伟大目标。

1945 年，毛泽东在中国共产党第七次代表大会上强调愚公精神，我们党用了近五年的时间实现了解放全中国的伟大目标。习近平总书记在中央扶贫开发工作会议上强调愚公精神，提出到2020年全面建成小康社会。时间同样也是五年。这或许是历史的巧合，但我们有充分的理由相信，在以习近平为总书记的党中央的英明领导下，一定会如期实现我们的伟大目标。

（二）坚持精准扶贫，精准脱贫

习近平总书记指出，要坚持精准扶贫、精准脱贫，要解决好"扶持谁"的问题，确保把真正的贫困人口弄清楚，把贫困人口、贫困程度、致贫原因搞清楚，做到因户施策，因人施策。因此，他要求要看真贫、扶真贫、真扶贫，少搞一些"盆景"，多搞一些惠及广大贫困人口的实事。贫困地区各级领导干部要立下军令状，要到扶贫攻坚一线经受磨炼，做到脚踏实地，实事求是，把扶贫工作做好，做精，做到位。

"看真贫"，是精准扶贫、精准脱贫的前提。各级领导要起模范带头作用，带领工作人员深入基层，下到百姓家，去最偏远、最偏僻的地区全面调查，深入了解到底哪些才是真正的贫困，到底有多贫困。而不是走马观花，流于形式，浮于表面，看"盆景"。只有深入百姓家，看实情，听实话，看真贫，才能确定扶贫的对象，让政策的阳光雨露洒在真正贫困户的身上，让精准扶贫、精准脱贫找准明确的目标和方向。

"扶真贫"，是精准扶贫、精准脱贫的关键。长期以来，国家对贫困地区的扶持力度年年扩增，但贫困地区的贫困人口脱贫问题却存在诸多不尽如人意的问题。不难看出，往年的扶贫都还存在流于形式，出现"年年扶贫年年贫"的现象，甚至存在着"扶富不扶贫""扶官不扶民""扶强不扶弱"等问题，这是必须坚决抵制和杜绝的。应该做到实行一户一策的针对性扶持，把以前的"漫灌"的"输血式"扶贫转变为精准的"滴灌"的"造血式"扶贫，把"好钢用在刀刃上"，做到对贫困户因地制宜、分类指导、精准帮扶、精准脱贫，实现真正意义上的扶真贫。

"真扶贫"，是精准扶贫、精准脱贫的核心。真扶贫就是要真干！空谈误国，实干兴邦。各级领导干部要俯下身子真抓实干，切实克服小进即满，小富即安思想，坚持实事求是、求真务实的工作精神，循序渐进，坚持不懈地推进扶贫工作。对贫困户要进行思想教育，淡化贫困群众的"贫困意识"，鼓励他们摆脱怨天尤人、等靠要、安贫乐道等落后观念，依靠自己的优势和长处，通过自强不息、自力更生、艰苦奋斗的精神，激发他们的内生动力，改变贫困落后面貌。

习近平总书记主持中央工作以来，多次亲临最贫困的地区、最贫困的家庭考察，体恤民苦，为民排难，为全党作出了榜样。2015年1月19日一大早，总书记从北京乘坐飞机直接前往云南省昭通市乌蒙山集中连片特困地区，一下飞机，就转乘汽车一路颠簸前往鲁甸县看望受灾的贫困群众。在看望贫困群众和听取汇报后，他指出扶贫开发是我们"第一个百年"奋斗目标的重点工作，是最艰巨的任务。现在距实现全面建成小康社会只有五六年时间了，时不我待，扶贫开发要增强紧迫感，真抓实干，不能光喊口号，决不能让困难地区和困难群众掉队。要以更加明确的目标、更加有力的举措、更加有效的行动，深入实施精准扶贫、精准脱贫，项目安排和资金使用都要提高精准度，扶到点上、根上，让贫困群众真正得到实惠。总书记大寒节气来看望灾区贫困群众，群众深受感动，特赋诗送给总书记："大寒节令送大爱，龙头喜降丰年雪。千家万户瞳瞳日，十万乌蒙尽开颜。"

习近平总书记多次强调，实施精准扶贫、精准脱贫，就是要坚持做到"六个精准"，扶贫对象精准、项目安排精准、资金使用精准、措施到户精准、因村派人（第一书记）精准、脱贫成效精准，确保各项政策好处落到扶贫对象身上，让真正的贫困户享受到真正的实惠。

（三）对症下药，靶向治疗

全面建成小康社会，是全体中国人民的小康，是包括 7017 万贫困人口在内的小康，是不能出现有人掉队的小康。为了打赢扶贫攻坚战，习近平总书记作出了一系列有针对性的重大举措，其中之一就是分类施策，找到"贫根"，对症下药，靶向治疗。

习近平总书记在 2015 减贫与发展高层论坛讲话中说，实施精准扶贫，分类施策是基本要义。要"因人因地施策，因贫因原因施策，因贫困类型施策"。从国家层面上讲，要根据贫困人口实施"五个一批"：发展生产脱贫一批、易地搬迁脱贫一批、生态补偿脱贫一批、发展教育脱贫一批、社会保障兜底一批。从贫困地区层面上讲，各级党委和政府都要发扬自立自强精神，实事求是，因地制宜，找准发展的路子，想方设法，把现实问题一件件解决，用自己的辛勤劳动来实现脱贫致富。

2013 年 2 月，习近平总书记冒着严寒深入到甘肃省东乡县高山乡的布楞沟村访贫问苦。该村地处两山之间的沟壑里，山大沟深，自然条件十分严酷，群众生活困难，全村 68 户 345 人，人均纯收入只有 1624.10 元，贫困面高达 96%，是东乡族自治县最贫困、最干旱的山村之一。高山乡乡党委书记马志坚说，总书记进村入户嘘寒问暖。村道坎坎坷坷，浮土没过脚面，总书记一路走来，鞋上、裤腿上沾满了尘土，但他体恤群众的疾苦，丝毫没有顾及这些，令人非常钦佩。习总书记在考察中也一再强调，乡亲们要发扬自立自强精神，找准发展路子，苦干实干，改善生产生活条件，早日改变贫困面貌。

领袖深深的扶贫情怀，既为我们树立了学习的榜样，又为我们开启了探索的大门。

第一章

"决战2020"的战略指导

2020 年，一个重大的历史节点。到这一年，中国 7017 万农村贫困人口全部脱贫、全面建成小康社会，实现"两个一百年"梦想的"第一个一百年"目标。

从 2015 年到 2020 年，5 年时间，确保所有贫困地区和贫困人口一道迈入全面小康社会，无疑是啃硬骨头的大决战。决战决胜，确立科学的战略指导极为重要。

一、坚持新时期扶贫脱贫战略思想

思想决定行动。"决战 2020"，打赢脱贫攻坚战，是事关人民福祉、事关巩固党的执政基础、事关国家长治久安的战略决战，唯有决胜，别无选择。因此，必须坚持新时期扶贫脱贫战略思想，以其总揽扶贫脱贫的一切活动，确保如期、顺利达成决战目标。

（一）坚持以习近平总书记扶贫脱贫论述为指导

习近平总书记心系贫困群众，对贫困地区、贫困人口有着切实的调查了解和深入思考，作出了一系列关于扶贫脱贫的重要论述，这些论述揭示了扶贫脱贫工作的一般规律，是我们确保打赢脱贫攻坚战的思想指南。我们必须自觉加强学习，准确把握习近平总书记扶贫脱贫重要论述的基本内涵，深刻领会精神实质，用习近平总书记扶贫脱贫的重要论述统一我们的思想认识，形成打赢脱贫攻坚战的共识。我们必须自觉坚持理论联系实际，用习近平总书记扶贫脱贫的重要论述指导我们的工作实践，紧密结合各地区、各行业、各部门的具体情况，全面对照，正确运用，坚定完成打赢脱贫攻坚战的任务。只要我们坚持以习近平总书记扶贫脱贫的重要论述为指导，就可以保持打赢脱贫攻坚战的正确方向，克服一切阻碍困难，如期实现决战目标。

（二）坚持与党中央、国务院扶贫脱贫政策保持一致

新时期，我国贫困人口规模依然较大，贫困程度较深，脱贫成本高，脱贫难度大，时间紧迫，任务繁重，我们必须坚持与党中央、国务院扶贫脱贫政策保持一致。必须把扶贫脱贫工作作为重大政治任务，切实增强自己的使命感、责任感，以扶贫脱贫为己任，勇于担当，有

所作为。必须把党中央、国务院确定的扶贫脱贫的总目标作为基本尺度，不变通，不走样，只争朝夕，真抓实干，确保按照一个时间节点、一个脱贫标准，坚决完成各自承担的扶贫脱贫任务。必须把党中央、国务院确立的扶贫脱贫的基本原则作为基本依据，强化调查研究，切实弄清贫困根源，采取超常措施，拿出过硬办法，务实解决问题，精准扶贫，精准脱贫，决不让一家贫困户、一个贫困人口掉队。总之，要坚决贯彻落实党中央、国务院有关扶贫脱贫的各项政策规定，与党中央、国务院保持一致，不讲客观原因，不搞下有对策，实实在在、扎扎实实，为打赢扶贫脱贫攻坚战贡献自己的全部力量。

（三）坚持全面落实党中央、国务院打赢脱贫攻坚战决定

为确保到 2020 年农村贫困人口实现脱贫、全面建成小康社会，2015 年 12 月 7 日发布的《中共中央国务院关于打赢脱贫攻坚战的决定》（以下简称"决定"），明确了打赢脱贫攻坚战应持的政治态度、总体要求和六个方面的具体规定。这个决定，是党中央、国务院关于打赢脱贫攻坚战的基本主张，是对全国扶贫脱贫工作的基本规范，是我们决战 2020 的宏观蓝图，我们必须坚持全面落实决定的各项规定要求，不打折，不缩水，全面、全项、全额保质保量地实现所有脱贫攻坚的任务指标。在具体的脱贫攻坚战实施中，要紧紧围绕"四个全面"战略布局，牢固树立并切实贯彻创新、协调、绿色、开放、共享的发展理念，正确处理好以下三个方面的关系：

一是扶贫开发与生态保护的关系。生态环境是人类赖以生存的基础，不能因扶贫形势的紧迫而中断或削弱生态保护，不能因贫困是全面建成小康社会的最大短板而忽视生态保护的天然基础作用。扶贫开发不是一味追求过速的发展经济，不是以牺牲生态环境为代价的不可持续性的发展。正确处理扶贫开发和生态保护的关系，应坚持把扶贫

开发与生态保护摆在同等重要的位置，切忌片面追求扰乱生态平衡、破坏自然环境的纯经济发展，切勿重蹈以破坏环境为代价的覆辙，让子孙后代承受我们犯下的罪过。扶贫开发工作应坚持绿色发展，坚持可持续发展，在发展经济摆脱贫困的同时，兼顾生态环境保护，促进经济和环境和谐发展。只有坚持扶贫开发与生态保护并重、协调发展，才能实现经济和社会的可持续发展，才能保证脱贫成效的持续性，减少"生态致贫"的比例。

二是政府主导和群众主体的关系。扶贫开发是一项复杂的系统工程，是"五位一体"和"四个全面"战略布局协调推进的重要基础性工作，事关各族群众民生福祉。政府是多种资源持有者，应扮演指导员角色，充分发挥组织和资源优势，调动市场和社会各方力量，带领群众脱贫致富。贫困地区群众作为扶贫脱贫的对象，是扶贫开发成果的获益者，不能只坐享扶贫成效，不去靠劳动让自己摆脱贫困，而一味等待政府的救助和社会帮扶。仅靠"输血"脱贫，治标不治本，最终将导致贫困地区返贫现象高涨，贫困地区群众越扶越贫。真正意义的脱贫应彻底斩断穷根，激发贫困地区群众的主人翁意识，发挥群众的主观能动性。打赢脱贫攻坚战，既要坚持政府主导，聚拢各方资源，增强社会合力，又要坚持群众主体，激发内生动力。这样，扶贫开发才会标本兼治，贫困状况才会逐步好转，全面小康社会才能稳步、坚实实现。

三是精准扶贫与集中连片贫困地区开发的关系。精准扶贫，是中国扶贫推进到新阶段的新举措，是全面建成小康社会的现实需求。精准扶贫，强调的是精细化、靶向性，对象明确、脱贫精准、效果良好。而集中连片贫困地区开发，则是精准扶贫的区域性攻坚，是扶贫开发工作的重点，只有以区域开发带动区域经济发展，才能解决贫困地区脱贫致富面临的共性问题，才能为进一步强化精准扶贫奠定基础。大河有水小河满。应科学统筹贫困地区开发与一村一户精准扶贫的关系，立足区域实际，统筹规划，分类分步推进，使精准扶贫与区域经济发展有机结合起来，实现脱贫攻坚的全面协调可持续发展。

二、坚持"不掉队、不落人"战略定位

"不掉队、不落人"是全面建成小康社会的本质要求，是"全面小康"的客观标准，是扶贫脱贫的战略定位。全面小康是全体中国人民的小康，不能出现也不允许出现掉队、落人。贫困农村是全面建成小康社会的最后"一公里"，到2020年解决7017万农村贫困人口的脱贫问题，必须坚持"不掉队、不落人"的战略定位。

（一）实现脱贫指标全域覆盖

脱贫指标全域覆盖是指贫困地区群众在教育、医疗、住房、经济收入、公共服务、交通、水利、电力基础设施等方面的指标实现全部达标。

脱贫指标全域覆盖是全面脱贫的必要条件，是全面小康的目标之一。贫困往往是各方面贫困情况的综合，包括生活贫困、教育落后、基础设施缺乏、住房医疗无保障等，各贫困因素相互影响，相互作用。只要有一项指标不达标，都会导致返贫，就不是脱贫，就不能叫"全面小康"。只有脱贫指标全域覆盖，才能是"五位一体"的全面小康，即政治建设、经济建设、文化建设、社会建设、生态文明建设全面推进、协调发展。

实现脱贫指标全域覆盖是对扶贫脱贫工作的基本要求，是全面小康的基本衡量标准。这就要求扶贫脱贫工作要充分考虑致贫的各种因素，实现全方位脱贫，不能遗漏任何一个脱贫指标。实现脱贫指标全域覆盖，就是要求贫困地区在政治、经济、文化、社会、生态建设五个方面跨越式发展，到 2020 年所有脱贫指标必须基本达标，实现贫困地区经济持续健康发展，人民民主不断扩大，文化软实力显著增强，人民生活水平全面提高，资源节约型和环境友好型社会建设。总之，到 2020 年，现有标准下的 7017 万农村贫困人口，全部过上经济富裕、政治民主、文化繁荣、社会公平、生态良好的幸福生活。

（二）加大"三区"脱贫攻坚

"三区"指革命老区、民族地区、边疆地区，这三类地区大都是自然环境较为恶劣的地区，贫困面大、贫困人口多、贫困程度深，是我国贫困的重灾区。由于区位条件、资源禀赋以及历史原因，"三区"呈现出积淀贫困的现状，一直以来是我国减贫工作的重点和难点，也是到 2020 年全面建成小康社会面临的极为艰巨的任务。

加大"三区"脱贫攻坚是全面小康、"共同富裕"的必然要求。全面小康，是"不分地域"的小康，是 56 个民族的小康，是所有中国人的小康。有一个地方贫困，就不是"小康"，有一个民族苦厄，就不算"全面"。到 2020 年全面建成小康社会奋斗目标的坚定性和"三区"贫困问题的特殊性，决定了扶贫脱贫工作必须重点加强"三区"脱贫攻坚，必须加大"三区"扶贫力度，做好"三区"扶贫开发工作，让"三区"农村贫困人口尽快脱贫致富，确保"三区"人民同全国人民一道进入全面小康社会。

加大"三区"脱贫攻坚，一是要求扶贫开发资源向"三区"重点倾斜，在扶贫政策、资金、科技、人才支撑、宣传等方面优先和重点支持"三区"。二是要求加大"三区"转移支付力度，加快实施"三区"发展规划，加快推进"三区"重大基础设施项目和民生工程建设。三是加大教育对口支援力度，政府和社会要向"三区"教育聚力，重点实施教育扶贫结对帮扶行动计划，从根本上阻断贫困代际传递根源。同时，作为生态脆弱区，"三区"的扶贫脱贫工作还要重点做好生态保护和建设工作，将扶贫开发与环境保护、生态建设相结合，发展环境友好型产业，促进经济社会发展与人口资源环境相协调。

（三）推动基础公共设施达标

基础公共设施，是指贫困地区生产生活必需的基础设施，包括交通、水利、电力、住房、互联网、人居环境等。基础公共设施是贫困地区群众生产生活的基本条件，是贫困地区经济社会发展的基础，是贫困地区建设小康社会的地基。

贫困地区基础公共设施的缺失或不健全，严重制约着贫困地区的经济发展，已经成为贫困地区脱贫步伐的最大障碍。基础公共设施的不完善，导致贫困地区群众风餐露宿，食不果腹，衣不避寒，交通受限，尚在为吃、穿、住发愁，根本无条件无能力发展生产建设，改善生活，以致距离小康社会越来越远。基础公共设施条件的恶劣不但阻碍了贫困地区发展经济的步伐，更严重禁锢了贫困地区群众脱贫致富的思想。因此，到2020年实现全面建成小康社会，就必须推动贫困地区基础公共设施达标，剔除贫困地区经济发展的拦路虎，挪走脱贫致富思想的绊脚石。

推动基础公共设施达标，就是要把改善贫困地区基础设施建设作为扶贫开发的中心任务，依据贫困地区的自然地理条件，加强科学规划设计，作出分类别分时限落实方案，协调政府和社会财力，聚力加速实施建设，加快破除发展瓶颈制约。一是要按规划分类施建，做到按照规划方案，区分不同地区的急缓重轻需求情况，急迫的先建，重要的先做，急缓重轻协调建设，边建设边使用边收益。二是要讲求投资实效，政府专项支持资金，要专款专用，加强监督，确保投项投量，提高使用效益；要按照谁投资谁收益的原则，调动社会资金加大参与贫困地区基础公共设施扶贫开发，保证供需双方受益，提高建设效益效率，加快构建贫困地区外通内联的交通运输通道，全面解决贫困人口饮水安全问题，提升贫困地区电力普通服务水平，扩大宽带网络覆盖贫困村人口，提升贫困地区农村互联网、金融服务水平，切实加强贫困地区农村危房改造，保证贫困户基本住房安全，继续推进贫困地区农村环境连片整治，改善贫困村生产生活条件，推进美丽宜居乡村建设。

三、坚持"提升内生力、提升益贫性"战略机制

全面建成小康社会，从根本上说是发展问题。发展是硬道理，贫困地区脱贫致富也要靠发展，发展不能只是等、靠、要。要想打赢脱贫攻坚战，啃下脱贫攻坚的硬骨头，就必须坚持"提升内生力、提升益贫性"战略机制。提升内生力，就是以贫困地区自力更生为主，外部力量帮扶为辅。提升益贫性，就是开发等一切经济社会活动要有益于贫困地区贫困人口脱贫致富。只有坚持"提升内生力、提升益贫性"战略机制，才能齐心聚力，共同奔向小康。

（一）依靠自身努力改变劣势

依靠自身努力改变劣势，是指贫困地区群众要通过自己的辛勤劳动来改变贫困现状，实现脱贫致富。脱贫，不是一味地要钱，最终还是要靠自我发展来实现。实践证明，单纯的"输血"式扶贫，已经难以实现真正的脱贫致富，因此贫困地区群众要变"被动"为"主动"，依靠自身努力，彻底改变发展劣势，从根本上实现稳定脱贫。

依靠自身努力改变劣势是历史扶贫脱贫经验的总结，是新时期扶贫脱贫攻坚战的重要途径，是建成全面小康社会的基本方略。几十年的减贫经历说明，以往送钱送物的"输血"式扶贫模式，其结果是导致了一些贫困人口"越穷越要、越要越懒、越懒越穷"，贫困状况非但没有改观，反而更加严重。这就告诉我们，"输血"式的扶贫，将会助长安于贫困之风，更加导致思想上的贫困，不仅无益于消除贫困，反而会阻碍贫困地区的发展，减缓了脱贫速度。因此，新时期扶贫脱贫工作，必须强调激发贫困地区群众的主人翁意识，提升贫困地区自我发展能力，提高经济发展的持续性，彻底阻断返贫根源。贫困地区群众是扶贫脱贫的主要对象，也是全面小康社会的最大获益者。只有 7017 万农村贫困人口全部自立起来，才能汇集成为脱贫攻坚的无法替代的主体力量。

依靠自身努力改变劣势，一是要求贫困地区群众转变思想上的懒惰和行动上的懒惰，要树立起"我要脱贫"的信念，化贫穷的压力为脱贫的动力，用实际行动改善自己的生活状况，实现脱贫致富。二是贫困地区要扬长避短，立足本地生态资源富集，发挥自身优势，在贫困地区中具备独特优势的地方搞超常发展，真正促进本地区的经济可持续发展。正如习近平总书记说的，"贫困地区完全可能依靠自身的努力、政策、长处、优势在特定的领域'先飞'，以弥补贫困带来的劣势"。

（二）创新特色"造血"方式

创新特色"造血"方式，就是要把创新产业扶贫模式作为实现扶贫脱贫目标任务的重要举措，在发展产业扶贫中促进创新，在创新中谋求产业扶贫大发展。产业扶贫是扶贫脱贫开发的重点，是增强贫困群众造血功能的重要途径。

创新特色"造血"方式，是精准扶贫脱贫的必然选择，是新时期扶贫脱贫攻坚战的必由之路。贫困，因地区而异，因家庭而异。因此，扶贫脱贫就必须摸清不同贫困地区的不同致贫原因，采取各具特色的"造血"方式，而不能不分贫困情况和原因，采取"一刀切"模式，简单复制其他地区脱贫致富的办法和方式。没有本地区特色的"造血"方式，往往不能解决某个贫困地区的特殊贫困问题，甚至阻碍一个地区的经济发展，减缓脱贫步伐。新时期扶贫脱贫必须走精准扶贫脱贫之路，创新本地区的特色产业模式，靶向发展，精准脱贫。我们说，只有因地制宜，创新适合贫困地区的特色"造血"方式，提升贫困地区内生动力，才能从根本上铲除"穷根"，真正摆脱贫困。

深入实施精准扶贫，项目安排和资金使用都要提高精准度，找到"贫根"，对症下药，扶到点上、根上，才能让贫困地区群众真正得到实惠。

创新特色"造血"方式，一是要充分认识产业扶贫脱贫的重要性，明确产业在扶贫脱贫中的地位作用，强化依托产业扶贫脱贫的基本认识。二是要从实际出发，大力推进本地区的特色农业、资源型工业、民族和地区特色旅游、劳务经济等为主的产业扶贫，既要发展"短平快"项目，又要兼顾长效产业开发，并根据自身自然条件、要素禀赋、经济水平等方面的差异以及市场变化特点，积极探索创建多种产业扶贫新模式，创新多种"造血"方式，在提高扶贫开发质量和效益方面取得明显成效。

（三）内外结合实现持续发展

内外结合实现持续发展，是指贫困地区脱贫致富要依靠自身努力为主，与借助外部力量支持相结合。自身努力是脱贫致富的内因，外部力量支持是脱贫致富的条件，是外因，内因为主，外因为辅，两者结合，相互作用。由于贫困地区大多条件恶劣，缺少外部力量的支持，仅靠贫困地区群众自身努力，有些难为无米之炊，脱贫成效甚微，到2020年全面建成小康社会的任务就可能不会如期完成；同样，仅靠外部力量帮扶贫困地区，贫困地区不去主动谋求自身发展，一旦外部力量消失，贫困地区将重蹈覆辙，陷入长久贫困境地。因此，贫困地区脱贫攻坚必须要做到内外结合，形成扶贫脱贫开发合力，才能彻底打赢这场扶贫脱贫攻坚战。

贫困地区大多生态环境脆弱，生存条件艰苦，脱贫难度很大，发展中的新贫困问题凸显。而且，贫苦地区经济发展水平和教育程度低，群众大多缺少科学文化知识，脱贫致富的智力支持不够，单凭贫困地区自身难以解决脱贫中的种种问题，这就需要给予外部条件的支持。其一是要发挥政府主导作用，以财政转移支付、直接投资、制度建设、政策扶持和引导等多种形式支持贫困地区的发展，为贫困地区脱贫提供必要的经济条件和良好的外部环境。其二是要大力宣扬"先富帮后富"的共同富裕思想，鼓励先富起来的人、先富起来的地区通过对贫困地区进行投资、技术转让、人力资源援助等措施，促进贫困地区富起来。其三是要动员社会各界力量，积极开展献爱心活动，对贫困地区给予更多的关心、更多的关爱，包括捐款、捐物、支教等多种形式，以帮助贫困地区贫困人口快速消除贫困。

四、坚持"先扶志、必扶智"战略支撑

脱贫靠志，致富靠智。因此，扶贫先扶志，治穷先治愚。脱贫攻坚，必须坚持"先扶志、必扶智"的战略支撑地位，以提高贫困地区人民群众基本文化素质和劳动者技术技能为重点，推进教育强民、技能富民、就业安民，为全面建成小康社会奠定坚实基础。

（一）以志济智摆脱贫困

习近平总书记说："扶贫先要扶志，要从思想上淡化贫困意识。"摆脱贫困，"首先在于摆脱意识和思路的贫困，只有首先摆脱了我们头脑中的贫困，才能使我们所主管的区域摆脱贫困，才能使我们整个国家和民族摆脱贫困，走上繁荣富裕之路"。这就告诉我们，人穷志不能短，必须要首先树立脱贫的志气，不要言必称贫，处处说贫。处处说贫，必无作为。以志济智，摆脱贫困。只有树立了脱贫的志气，才能开发致富的智慧。教育扶贫是扶贫开发的重要任务，也是阻断贫困代际传递的重要途径。贫困地区提升内生力，增强自主创新"造血"能力的前提是贫困地区贫困群众要彻底转变思想，变"人扶我"为"我扶我"。通过教育，开拓脱贫新思想，提升致富新素质，激发贫困地区群众脱贫致富的心智能力。

（二）教育脱贫利在千秋

"扶贫必扶智，让贫困地区的孩子接受良好教育，是扶贫开发的重要任务，也是阻断贫困代际传递的重要途径。"2015 年 9 月 9 日，习近平在给"国培计划（2014）"北京师范大学贵州研修班参训教师的回信中写道。

"知识改变命运。"教育脱贫是扶贫治困的治本之策。作为阻断贫困代际传递的重要途径。贫困地区群众只有依靠知识和技能，才能提高脱贫致富能力，才能从根本上摆脱贫困，走向小康。

教育脱贫是新时期扶贫脱贫开发工作的重点，是对我国当前发展形势的精准把握，也是对国家改革发展的关键点的精确判断。"愚昧是贫穷的根"，农村贫困地区知识水平落后，经济水平低下，急需教育为贫困地区群众灌注发展、创新、奋斗的观念，增强敢闯敢干的底气，获得更多改变命运的知识和技能。教育脱贫不仅是贫困地区脱贫致富的根本途径，更是国家人才培养战略的有机组成部分。当今社会，人才的竞争和较量已成为国家之间较量的筹码。教育已经成为衡量一个国家是否先进、国力是否强盛的最重要的标尺之一，在经济社会发展和民族振兴中具有先导性、基础性、全局性地位，决定了一个国家和民族的未来。

教育脱贫必须把基础教育摆在优先地位并作为基础设施建设和教育事业发展的重点领域。"少年强则中国强"，基础教育是科教兴国的奠基工程，对提高中华民族素质，培养各级各类人才，促进社会主义现代化建设具有全局性、基础性和先导性作用。让贫困地区的孩子和城里孩子享受同样的教育，是基础教育脱贫开发面临的重大挑战。

2015 年 4 月，中央深化改革领导小组第十一次会议审议通过了《乡村教师支持计划（2015—2020 年）》等 5 项改革方案，提出到 2020 年全面建成小康社会，基本实现教育现代化，薄弱环节和短板在乡村，在中西部老、少、边、穷、岛等边远贫困地区。

可见，"治愚"与"扶智"，根本手段在于发展教育。相对于经济扶贫、政策扶贫、项目扶贫等，教育扶贫直指导致贫困落后的根源，牵住了贫困地区脱贫致富的"牛鼻子"。

（三）雨露计划培训脱贫

雨露计划，是国家制订的贫困地区职业教育扶贫计划，目的是在基础教育的基础上，对接产业转型升级和就业保障，为贫困地区经济社会发展提供技术技能人才支撑。雨露计划培训脱贫，就是要以《中共中央国务院关于打赢脱贫攻坚战的决定》精神为依据，按照 2020 年 7017 万贫困人口脱贫、全面实现建成小康社会的目标，重新审视定位，对好表，充分发挥好雨露计划培训在脱贫攻坚战中的作用。

要坚持问题导向，以提高脱贫对象自我发展能力、促进就业为核心，以政府财政脱贫资金扶持为主、动员社会力量参与，通过资助、引导农村贫困家庭劳动力接受职业教育和各类技能培训、培养贫困村产业发展带头人等途径，扶持和帮助贫困人口增加就业发展机会和提高劳动收入。应该说，雨露计划，自"十一五"期间决定实施以来，收到了较好的效果。从 2010 年起，雨露计划实施方式又进行了改革试点，以直补到户的方式，扶持、引导贫困家庭"两后生"接受中、高等职业教育和一年以上劳动预备制培训，截至 2013—2014 学年，试点县已扩大到 203 个，扶持对象已达 170 多万人。下一步应按照精准脱贫的原则，针对存在的突出问题，创新雨露计划培训路径，由"大水漫灌"向"精准滴灌"转变。

作为推动扶贫脱贫工作提质增效的关键之举，《中共中央国务院关于打赢脱贫攻坚战的决定》明确指出，到 2020 年，保障建档立卡贫困人口中有 1000 万左右通过教育支持实现脱贫。实施雨露计划培训脱贫，加快贫困人口精准脱贫，一是要继续夯实扶贫对象识别建档立卡和干部驻村这两项精准扶贫基础性工作，把扶贫资源、措施精准地引导到贫困村、贫困户。二是要加大职业教育资金扶持力度，提高中等职业教育国家助学金资助标准，鼓励贫困家庭子女主动参加职业教育培训。贫困家庭子女接受中、高等职业教育，除享受国家职业教育资助政策外，还可享受扶贫助学补助、生源地助学贷款等优惠。三是要加强中、高等职业学校建设，努力办好贫困地区特殊教育和远程教育，尤其是要积极发展符合贫困地区实际的特色职业教育。四是要建立职业教育就业保障机制，引导和支持用人企业在贫困地区建立劳务对接机制，提高职业培训的有效性，避免毕业等于失业的惨剧发生。

五、坚持"算远账、算大账"战略发展

坚持"算远账、算大账"战略发展，就是强调在扶贫脱贫攻坚战

中，着眼长远，立足大局，在注重贫困地区经济发展的同时，兼顾社会效益和生态效益。全面小康社会是五位一体的小康社会，是政治、经济、文化、社会、生态协调发展的社会。小康社会建设，不能顾此失彼，贪图眼前利益而透支未来资产，应该高瞻远瞩，坚持"算远账、算大账"的发展方向，让经济脱贫与社会发展并行，让产业开发与生态保护并重，普适措施与特宜措施并举，协调、绿色、可持续发展。

（一）经济脱贫与社会发展并行

经济脱贫与社会发展并行，是指扶贫开发中，既要发展贫困地区经济，解决脱贫致富问题，又要考虑贫困地区的各种社会问题，全面推动贫困地区社会发展。贫困问题不是一个纯经济现象，它往往与政策、文化、生态、教育等社会问题紧密联系在一起，不可分割。新时期扶贫脱贫必须坚持经济脱贫与社会发展并行。

经济脱贫与社会发展并行是由脱贫攻坚战总目标决定的，是建成全面小康社会的必经之路。扶贫攻坚战的总目标是到2020年，稳定实现农村贫困人口不愁吃、不愁穿，义务教育、基本医疗和住房安全有保障。这对扶贫脱贫工作提出了多重任务，不仅要保证经济目标的实现，又要解决教育、医疗、住房等社会民生问题。经济脱贫离不开社会发展，社会发展也离不开经济脱贫，没有社会发展的经济脱贫持续性不强，容易出现返贫现象。同样，经济没有脱贫的社会发展谈不上进步，更谈不上脱贫。只有坚持经济脱贫与社会发展并行，经济建设与社会建设同步，才能保证贫困地区全面建成小康社会。

经济脱贫与社会发展并行，要求扶贫脱贫开发，在发展贫困地区经济的同时，一并考虑改善贫困地区教育、医疗、住房等社会民生问题。尤其是贫困地区突出的社会问题，如农村养老、留守儿童、妇女、老人和残疾人问题。在发展产业脱贫时，要同步安排开展医疗保险和医疗救助工作，保障贫困人口享有基本医疗卫生服务；要加大实行农村最低生活保障制度，对无法依靠产业扶持和就业帮助脱贫的家庭实行全面的政策性保障兜底；要健全留守儿童、留守妇女、留守老人和残疾人关爱服务体系，对居住在生存条件恶劣、生态环境脆弱、自然灾害频发等地域的，更要加快实施易地搬迁安置工程；要统一安排和引导劳务输出，有计划地促进农村剩余劳动力在城镇稳定就业和生活。

（二）产业开发与生态保护并重

产业开发与生态保护并重，指的是要同步发展产业和生态建设，把生态建设与产业开发相结合，处理好产业开发与保护自然的关系，让贫困地区群众在良好的生态环境中享受经济发展的实惠。生态文明建设是贫困地区实现可持续发展的基础和前提，是关系贫困地区群众福祉、关乎贫困地区未来的长远大计，要把生态环境保护与产业开发放在同等重要位置。

产业开发与生态保护并重，是实施精准扶贫、实现可持续脱贫的现实选择。自然生态的不可持续性循环，是导致贫困地区贫困人口脱贫速度缓慢的原因之一。我国大部分贫困地区多为生态致贫，可持续脱贫从改变贫困地区的生态环境入手，加强基础性设施建设，从而改变贫困地区的生产生活环境，使贫困地区实现可持续的发展，达成精准扶贫脱贫。实践证明，生态扶贫脱贫也是新时期一种新的可持续扶贫脱贫方式。

产业开发与生态保护并重，应把"生态产业化、产业生态化"作为方向，坚持资源永续利用、开发与保护并重，在保护生态中发展产业，在发展产业中保护生态。要加强贫困地区生态环境管理和建设，加大贫困地区生态保护修复力度，提高生态系统服务功能和扶贫脱贫效益，真正实现贫困地区社会的全面协调持续发展。要把生态保护纳入贫困地区扶贫脱贫政绩考核的体系，将生态保护作为长远政绩考核指标，以刚性标准保证贫困地区生态建设。

（三）普适措施与特宜措施并举

普适措施与特宜措施并举，是指在扶贫脱贫攻坚战中，既要注重解决共性问题，更要注重解决特性问题，共性问题采取普适措施，特性问题采取特宜措施。共性问题是普遍存在的问题，应统一标准，统一施策；特性问题属个别存在问题，应区分情况，因情施策。

普适措施与特宜措施并举，是打赢新时期扶贫脱贫攻坚战的实践要求。我国贫困地区面积大、分布广，贫困人口分散。致贫原因既有共性问题，也有特性问题。例如，硬件环境的缺失就是共性问题，贫困地区的交通、水利、电力、教育等基础设施不完备、医疗卫生条件落后等等，都是普遍存在的。对这些共性问题，就应采用普适措施，加大资金投入力度，加速完善贫困地区交通、水利、电力建设，健全贫困地区教育、医疗等公共基础服务，从而在根本上改变贫困地区因硬件环境缺失致贫的现象。再如，生态环境的差异就是特性问题，虽然生态环境恶劣是贫困地区致贫因素，但西北、西南的生态环境状况差异很大，因此，必须要根据不同地区的不同实际情况，采用特宜措施，分类制订方案，分类组织实施。只有坚持普适措施和特宜措施并举，才能消灭新时期贫困地区的所有致贫因素，快速带领贫困地区群众脱贫奔小康。

六、坚持"脱贫观、政绩观"战略评估

坚持"脱贫观、政绩观"战略评估，就是要把脱贫攻坚实绩作为考核干部政绩的一项指标，从扶贫脱贫大局上识别任用干部。坚持

"脱贫观、政绩观"战略评估，是打赢扶贫脱贫攻坚战的政治保障。要将扶贫脱贫实绩与领导干部的政绩挂钩，把扶贫对象如期脱贫作为衡量领导干部政绩的主要考核指标，依据完成脱贫指标的优劣，考核、选拔、任用领导干部，通过"脱贫观、政绩观"的导向，将扶贫脱贫实效提升到战略高度，以求得各级党委和政府把精力集中到贫困县、贫困村、贫困人口如期摘帽上，确保党中央 2020 年全面脱贫大局的实现。

（一）树立脱贫政绩观

扶贫脱贫事关全面建成小康社会，事关巩固党的执政基础。贫困地区的党委和各级领导干部要树立脱贫政绩观，把扶贫脱贫作为各项工作的核心工作、一号工作，摆在一切工作的首位，切实增强责任感、使命感和紧迫感。

脱贫政绩观是脱贫攻坚冲刺阶段的客观需要，是对党的执政能力的考核。脱贫攻坚已经到了攻城拔寨、发起总攻的冲刺阶段，是 2020 年前的头号工程。将扶贫脱贫政绩化，强化各级领导干部的脱贫责任感、紧迫感，才能充分发挥领导干部扶贫脱贫指挥员的领头作用，集合社会各方资源，戮力同心打赢脱贫攻坚战。同时，扶贫脱贫是对贫困地区各级领导干部工作能力的考核，政治立场、政治态度的考验，必须以对党、对国家负责的精神，把扶贫脱贫工作做扎实、做到位，以不辜负党和人民的重托。

树立脱贫政绩观，应严格执行脱贫攻坚一把手负责制，省、市、县、乡、村五级书记一起抓，层层落实脱贫责任，逐年分解脱贫任务，立下军令状，以时不我待的责任意识去做好工作。各级领导干部必须坚定信心，勇于担当，把脱贫职责扛在肩上，把脱贫任务抓在手上，绝不能有丝毫懈怠、丝毫动摇，以不辱使命的政治觉悟去完成任务。

（二）实施社会阳光考评

扶贫脱贫实施社会阳光考评，是指将扶贫脱贫指标透明化，让扶贫脱贫的进展和成效"晒"在阳光下，让全社会来见证、核实脱贫绩效。考评影响着领导干部的工作态度、工作方式、业绩观念，对扶贫脱贫工作具有反射作用。通过实施社会阳光考评，公示扶贫脱贫成效，可以激起各级领导干部的扶贫脱贫积极性，避免弄虚作假，引起他们对脱贫考核的高度重视，同时也能引起群众对脱贫攻坚战的广泛关注。

实施社会阳光考评是选拔、使用干部的重要依据，是脱贫政绩观实施的有效补充。脱贫攻坚作为各级领导干部业绩考核和选拔、任用的主要依据，如缺乏群众的监督，会导致脱贫政绩考核流于形式，不利于脱贫政绩观的树立。实施社会阳光考评，能鼓励各级领导干部自觉践行党的扶贫脱贫政策，切实转变作风，把严的要求、实的作风贯穿于脱贫攻坚战始终，营造出扶贫脱贫你追我赶、知耻后勇的氛围，鲜明地引导各级领导干部树立正确的政绩观。

实施社会阳光考评，要建立扶贫脱贫绩效考核办法，完善考核评价工作体系，大幅度提高扶贫脱贫指标在贫困县经济社会发展实绩考核指标中的权重，保证考评过程透明化、公开化。实施社会阳光考评，要精准考核指标，各省（自治区、直辖市）党委和政府要根据自己的实际情况，加快出台对贫困县扶贫脱贫绩效考核指标，尤其应严格制定国家扶贫开发重点县的考核实施办法，考评指标要定性和定量相结合，以量化指标为主，以定性指标为辅，凡是能够量化的要尽量做到量化，以增强考核的客观性，提高社会阳光考评的科学性和真实性。

（三）实行反馈追究机制

反馈追究机制，是对扶贫脱贫实绩跟踪追责的处理机制。对于扶贫脱贫的一切方面，都要实行跟踪追责，凡是欺上瞒下、弄虚作假的，无论什么时候发现，都要依法追究责任，绝不姑息纵容。

反馈追究机制是实施社会阳光考评的重要补充。社会阳光考评为实行反馈追究机制提供了参照标准，反馈追究机制保证了社会阳光考评的权威性和真实性，进一步增强了考评结果的公信度。同时，反馈追究机制是脱贫政绩观的有力保障。实行反馈追究机制，对扶贫脱贫领导干部造成威慑，可以起到约束监督作用，能够较强地修正扶贫脱贫实绩偏离的角度，保证扶贫脱贫工作沿着正确方向发展。

实行反馈追究机制，要制定完善扶贫脱贫追究机制办法，科学划分扶贫脱贫责任权限，落实谁决定谁负责、谁组织谁负责；健全反馈途径，引入双向沟通机制，注重考评结果的及时反馈；建立扶贫脱贫监测机制，加强农村贫困统计监测体系建设，提高监测能力和数据质量，实现数据共享；完善重大涉贫资金和项目监督机制，严禁铺张浪费，厉行勤俭节约，严格控制"三公"经费，提高项目管理水平和资金使用效果；公开处置重大涉贫事件，在处置重大涉贫事件中推动扶贫脱贫的健康发展，不断提高扶贫脱贫工作水平。

第二章

"决战2020"的战略环境

环境是行动的载体。决战 2020 必须认真分析相关环境因素。环境因素，既包括国内的也包括国际的。习近平主席在"2015 减贫与发展高层论坛"的主旨发言中讲道，作为世界上最大的发展中国家，中国一直是世界减贫和发展的倡导者和推动者，未来 15 年，不论对于中国，还是对于其他发展中国家，都是减贫发展的关键时期，大家要凝聚共识，同舟共济，攻坚克难，致力于合作共赢。习主席的讲话，充分说明了这种环境因素的连体性。

一、国际减贫与发展

减贫与经济增长和安全稳定的发展环境密不可分，国际秩序的稳定与和平，是贫困国家减贫的前提条件。随着世界政治与经济格局的发展变化，世界贫困呈现出新的特征，减贫格局与实践也在不断发展。

（一）世界政治经济格局的新变化

1. 世界政治中心由西向东转移

世界政治格局是世界上主要政治力量通过一系列的抗衡、分化组合而形成的一种结构，这种结构在一定时期内处于相对稳定的状态，但又处在不断发展变化之中。当今世界政治格局，堪比战国时代各国背旧盟结新盟，合纵连横，突出表现为一超突显、多元借重、多重制衡的立体复合状态。随着新兴市场国家经济地位的上升，美国"二战"时期形成的霸主地位受到一定削弱。中国、俄罗斯、日本、欧盟等大国和共同体，及印度、巴西、南非等发展中大国和其他力量在经济全球化过程中迅速崛起，并形成相互合作、彼此制衡的稳定关系。

但是，进入 21 世纪之后，西方国家的整体实力出现了相对削弱的迹象，而东方国家国力增强，逐渐在国际事务中发挥越来越大的作用。首先，2003 年的伊拉克战争使中东和欧洲的地缘政治经济格局产生了强烈动荡，美国自损国际形象，软实力大大削弱。其次，2009 年"次贷危机"引发的国际金融动荡殃及全球，世界大国"硬实力"严重受损，尤其对美国、欧盟和日本经济造成严重制约。相比之下，中国、印度、俄罗斯、巴西、南非等诸多新兴国家，抓住了全球化的发展机遇，迅速崛起，在全球性国际机制中扮演了更为活跃的角色，发挥着积极作用。这说明，欧美的神话逐渐淡化，亚太地区正在成为全球格局中的一个关键地区，世界政治中心正在由西向东转移。

2. 世界经济重心由北向南转移

起源于 20 世纪 80 年代的经济全球化浪潮，推动全球经济结构加快演变，导致全球经济格局呈现多极化的趋势，欧美占据主导地位，亚洲新兴经济体正在迅速崛起。

2008 年以前，世界经济保持增长趋势，发达经济体，特别是欧美的经济实力仍处于主导地位，新兴经济体因自身潜在的增长矛盾，仍难以真正主导世界。

2008 年后，受全球金融危机影响，全球贸易和投资受到重创，全球经济格局发生了巨大变化。发达国家经济普遍陷入增长的困境，与此同时，中国及其他新兴经济体仍保持这种增长势头。通过比较七国集团（美国、日本、德国、英国、法国、意大利、加拿大）、亚洲四小龙（中国香港、中国台湾、韩国、新加坡）和金砖四国（中国、印度、巴西和俄罗斯）三大经济板块，作为世界经济的核心，无论是欧美国家还是七国集团国家，在全球生产总值、全球贸易总额和全球投资总额的比重是显著下降的，而亚洲和金砖国家所占的比重都是显著上升的，尤以中国的增长幅度最大。

这说明，世界经济重心正自北向南转移，以新兴经济体为主体的南环经济带（见南环经济带示意图）正在重塑世界经济格局，发展后劲十足的中国已成为全球经济格局中扭转乾坤的力量。

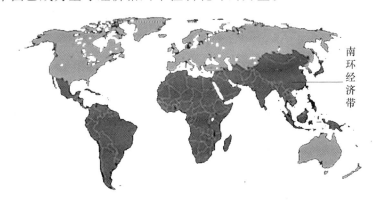

南环经济带示意图

（二）世界贫困呈现出的新特征

世界政治与经济格局的变化，把世界经济体系分割成相互对立的经济集团，使得国际贫困也出现了新的特征。总体看，世界贫困在世界政治经济格局变化下，呈现出下列新的特征。

1. 国家之间的贫富差距逐渐加大

总体看，经济全球化高潮推动了世界贸易的增长，带动了世界各国经济的增长，但也加重了世界各国之间的"贫富两极分化"现象。

一方面，拥有量等方面的差距更大了。在经济全球化的推动下，世界经济中心南移，发展中国家发挥后发优势，经济不断转型，国民生活质量不断提高，绝对贫困人口逐步减少，发展中国家的经济存量逐渐增大。表面上看，发展中国家和发达国家之间的经济差距在不断缩小，而实际上，经济全球化导致世界各国经济发展的不平衡性更加明显了。参与全球化程度高的发达国家比参与全球化程度化低的发展中国家经济增长业绩要好得多，经济全球化使得国家之间在财富占有、生产力水平、科技管理能力、资本存量、资源拥有量等方面的差距更大了。

另一方面，经济全球化加速了区域社会经济发展的不均衡。经济全球化在很大程度上依旧体现为西方发达国家的政治经济利益，很少考虑发展中国家的利益。西方发达国家对发展中国家的政治经济政策及文化意识形态造成极大影响，从而影响了发展中国家国民生活水平，导致国家之间的贫富差距加大。尽管发达国家也有贫困人口，但贫困人口的数量占比很小，而发展中国家贫困人口的数量占整个国家总人口的比例较大，且区域社会经济发展极端不均衡，经济全球化使得这一问题更加严重，造成了富国越富、穷国越穷的恶果。

2. 发展中国家贫困现象加剧

世界政治经济格局的新变化加剧了国家间的竞争，发展中国家因资本市场和商品市场竞争的疲软，同等工作难以获得同等的劳动收入，亦无法为本国贫困人口提供较高的社会福利水平，导致本国的贫困现象愈演愈烈。

发展中国家在国际市场竞争中往往依靠低廉的劳动力换取国际资本和商品，这就加剧了国内居民收入不平等现象。为了获取更多稀缺外汇，发展中国家纷纷降低普通劳动者的工资福利水平，使普通老百姓的生活水平接近于贫困的边缘，扩大了本国贫困人口的范围。另外，相比发达国家，发展中国家的社会福利政策范围小、力度弱，难以满足低收入人群对政府社会福利日益增长的需求，使得贫困现象难以消除。国际市场竞争中，发达国家更重视对管理、技术人才的争夺，更能以高薪水、高福利政策吸引全球最稀缺的人力资源，而发展中国家依仗劳动力密集，在国际市场上为追逐资本，极力压低劳动力成本，难以提高社会福利水平，使得绝对贫困和相对贫困长期地存在于发展中国家。

3. 世界贫困人口分布发生实质性变化

世界贫困人口由以低收入国家为主，逐渐发展为主要分布在中等收入国家。当前，生活在中等收入国家的绝对贫困人口数量比低收入国家还要多。随着低收入国家经济增长势头的迅猛发展，中等收入国家的绝对贫困人口数量增长的趋势还在进一步深化。数据表明，1990 年大约 90% 的贫困人口居住在低收入国家，而如今有超过 70% 的贫困人口生活在中等收入国家。其原因是随着低收入国家 GDP 的增长，它们跻身于中等收入国家之列。如尼日利亚和巴基斯坦，以及局势稳定的印度和印度尼西亚等都成为中等收入国家。

目前还没有合适的、通用的评估全球贫困的方式。但无论选择哪种贫困标准，大多数贫困人口和脆弱人口都生活在南亚和撒哈拉沙漠以南的中等收入国家和地区。按照世界银行收入分类方式，最贫困的 10 亿人中绝大多数生活在中等收入国家，其中 31%—38% 生活在低收入国家，而 60%—66% 生活在中等收入国家（见表 1、表 2）。采用全球急性贫困指标 MPI（多维贫困指数）测量，南亚是多维贫困人口规模最大的地区，也是全球贫困人口数量最多的地区，其中最贫困人口中 40% 居住在印度，次之 33%—39% 居住在非洲。

表 1 底层 10 亿贫困人口在最贫困地区的分布

地区	国家数量	地区数量	总人口		底层 10 亿 MPI 贫困人口		MPI 均值
			千人	占世界人口%	千人	占底层 10 亿贫困人口%	
欧洲与中亚	0	0	0	0%	0	0%	/
阿拉伯国家	2	2	33384	0.60%	20204	2.01%	0.348
拉美与加勒比	4	13	7290	0.10%	4898	0.49%	0.363
东亚与太平洋	3	18	5672	0.10%	3466	0.34%	0.335
南亚	4	19	896722	16.70%	583715	57.95%	0.355
撒哈拉以南非洲	31	213	496471	9.30%	395009	39.21%	0.472
总计	44	265	1439539	26.80%	1007292	100%	0.375

表 2 底层 10 亿贫困人口分布地区收入类型

收入分类	国家数量	地区数量	总人口		底层 10 亿 MPI 贫困人口		MPI 均值
			千人	占世界人口%	千人	占底层 10 亿贫困人口%	
高收入	0	0	0	0%	0	0%	/
高中收入	2	4	631	0.00%	400	0.04%	0.315
低中收入	15	79	924020	17.20%	620574	61.61%	0.375
低收入	27	182	514888	9.60%	386318	38.35%	0.432
总计	44	265	1439539	26.80%	1007292	100%	0.375

4. 极度贫困的原因不再与资源相关

极度贫困（无论何种类型）正变得与资源匮乏关系不大，而越来越多涉及国民贫富差距以及社会保障体系。人们普遍认为，较高人均收入水平的国家拥有更多国内资源用于减少贫穷，且国际援助体系对待人均收入水平较高的国家采取了不同的方式，因此极度贫困更应该发生在资源匮乏的国家。然而，随着时间推移，贫困人口向中等收入国家集中，并不向资源匮乏的国家靠拢。这说明导致极度贫困的主要原因发生了变化。

一是国民贫困差距。经济全球化带来了史无前例的全球经济增长，与此同时，不少国家和地区的国民不平等程度却在日益加深，尤其是中高等收入国家。较低收入国家、中高收入国家不平等的程度更为严重，社会富裕群体对社会弱势群体致富权的强势掠夺，势必加速社会财富和权力的两极分化，使得富者更富，穷者更穷，加剧贫富分化。数据显示，中高收入国家的贫困率高达 40％，而低收入国家的贫困率可低至 5％。

二是国家社会保障体系。国家社会保障体系旨在为最弱势的家庭和个人提供保障，帮助贫困人口并促进其就业，同时增强社会凝聚力、缩小贫富差距。社会保障的规模和覆盖范围决定了对减少贫困和缩减贫困差距的实际影响。例如，在撒哈拉以南的非洲国家，任何一种社会保障的覆盖群体都不及本国人口总数的 1/4，而罗马尼亚、蒙古、智利和泰国的社会保障覆盖了近 100％ 的最贫困人群和大多数人口。对许多发展中国家而言，加强社会保障可避免饥荒和返贫，能帮助他们减少贫困人口，消除部分极端贫困现象。

（三）世界减贫方式与内容的新转变

受上述因素的影响，世界减贫方式与内容也随之出现新的转变，无论是援助方、被援助方还是援助方式、援助内容等都发生了新变化。

1. 全球伙伴关系内涵在转变

全球伙伴关系是千年发展目标中，指定的发达国家政府与发展中国家政府之间的援助关系，发达国家担任"援助方"，发展中国家为"被援助方"，但是，随着气候变化、安全等全球性发展问题的日益凸显，不平等的加剧及全球经济实力对比的变化，国际全球伙伴关系正遭遇新的挑战，内涵正在发生变化。一是上升中的发展中国家对现行的国家发展援助的规则和规范持批评的观点，不愿意单纯作为规则的接受者，不愿意维持"只出力，无回报"的不合理境况。随着新兴经济体的蓬勃发展，经济增长带来了国内税收的提高，吸引了海外私人资本的流入，发展中国家正在成为全球经济的主力军，占全球经济总量的比重日益提升。他们不愿一直扮演"被援助方"的角色，渴望能在国际事务中占有一席之地。二是发达国家虽承认其"援助方"的责任，但希望能减轻责任，却又不愿意放弃在国际规范制定和国际组织治理方面的核心影响力。

2. 经济型援助形式向新的多元型援助形式转变

在新的世界政治经济格局下，国际社会更加重视合作，所以国际援助形式也逐渐由经济型援助为主，转变为多元型援助。国际援助中经济型援助的相对规模和作用越来越小，援助双方更看重技术等其他类型援助。被援助方更渴望获得经验与实践，以求促进自力更生。即使被援助方并不需要那么多援助，甚至根本不需要援助，他们仍然希望会继续获得经济援助，对知识和经验的需求是这背后的主要推手。非洲发展银行和国际农业发展基金会对非洲农业援助的评估报告显示，中等收入国家非常渴望继续获得国际农业发展基金会的贷款，原因并非在于援助规模，而是期待随之而来的国际经验和最佳实践。同时，众多援助方也因各国的重新分类而开始更多地认识到多元型援助的重要性。在援助规模缩小的情况下，援助方渴望与被援助方开展多领域、多形式的合作援助，尤其是与相对富裕的、具有重要战略意义的国家，或冲突之后的中等收入国家和前殖民地国家。与这类国家开展合作援助，援助方才能获得更多经济合作机会和国际社会的支持，达到双赢目的。

3. 非政府组织（NGO）在减贫过程中的作用越来越大

作为服务提供者，非政府组织与贫困人口更接近，能够更有效地瞄准援助，有针对性地实施减贫措施。随着全球政治经济格局的转变，发展壮大的非政府组织国际话语权加大了，在国际减贫过程中发挥的作用越来越大。非政府组织为弱势国家，尤其是那些无力提供充足的产品、服务和支持性环境以帮助人民实现生计安全的国家提供社会服务。为满足贫困人口的需要，非政府组织在许多领域提供大量的服务，从生计干预到医疗、教育服务，再到更为具体的紧急响应、民主建设、人权、金融、环境治理和政策分析等领域。同时，作为公民社会组织，非政府组织强调以参与式、以人为本的、以权力为基础的路径帮助弱势群体表达自己的需求。非政府组织代表弱势群体，向脱贫不利的政府问责，在监督减贫绩效和推动国家减贫进度上，发挥了重要作用，将成为减贫道路上一支举足轻重的力量。

4. 社会保障项目成为减贫的新的重要手段

减贫不是社会保障的唯一目标，但社会保障项目是国际减贫的重要手段。社会化保障项目由政府、非政府组织或其他资助方运作，以物资转移方式，为弱势群体提供保障和帮助。社会保障主要是通过三个渠道来促成减贫：其一是直接向受益者进行购买力转移来减少收入贫困人口；其二是以间接途径，包括提供抵御风险或冲击的保险、保障，缓解生计冲击对长期贫困的影响，帮助受益者从冲击中恢复，降低他们陷入"终身"贫困的可能性；其三是"投资收益"，即通过生产性投资实现增收，或通过社会保障项目实现就业。这三个渠道缺一不可，任何社会保障项目都需要通过这三个渠道才能达到减少贫困、缩小贫困差距的目的。只要社会保障项目总体运行良好，就能在当前背景下实现快速减贫。

在极端贫困、日益严重的贫困差距面前，社会保障的作用将逐渐凸显。在 2015 年后发展议程中，社会保障将会成为一个重要的政策工具，在国际减贫实践中发挥核心作用。

（四）世界主要国家的减贫实践

贫困是一种社会现象。世界上许多国家，其中既有发达国家也有发展中国家，都存在不同程度的贫困现象。尽管世界各国国情不同，但一些国家在反贫困理论和实践中都有好的做法和成功经验，对中国成功实施"十三五"期间脱贫攻坚、全面建成小康社会具有重要的启示作用。

1. 发达国家的减贫实践

按照国际贫困标准（每人每天 1.25 美元收入），目前发达国家基本不存在极端贫困，绝对贫困（国际标准，每人每天收入低于 1 美元）现象已经不复存在。发达国家的贫困人口主要是相对贫困人口，发达国家的减贫实践，主要是围绕这部分人群展开的有针对性的社会发展政策和实施就业以及增收的各种扶贫开发计划。财政资金主要用于提供免费公共就业服务或求职援助服务、职业培训，或对雇用失业人员的企业或自谋职业的个人给予工资或就业补贴，还包括直接创造就业岗位，扶持失业者创办微小型企业等方面。

美国的减贫实践。美国的贫困线，考虑了家庭规模的不同。美国针对不同家庭规模采用不同的贫困线标准，只要家庭收入低于贫困线，则家中所有人口被确定为贫困人口。1964 年，美国约翰逊政府宣布"向贫困宣战"，并确定了贫困的绝对标准。美国经济顾问委员会（CEA）把各类家庭的贫困线设定为每年 3000 美元（按 1962 年美元计价），对于无亲属的个人，设定贫困线为每年 1500 美元。按照人口统计局的贫困线统计数据，2010 年，美国贫困人口为 462 万人。

美国的减贫实践主要有两类：一类是专门针对贫困人口的一系列措施，如农业部的乡村贷款计划、教育部的勤工俭学计划、劳动部的邻近地区青年人集团就业计划等，还有公共政策和福利方案以及专门针对老人、妇女的收入和经济地位的倾斜政策。另一类是针对落后地区实施的区域开发政策。这一类专门针对落后地区的开发政策，可追溯到美国建国后持续百余年的"西进"运动。当时，美国政府颁布了一系列具有区域指向的专门开发落后地区的法规，如 1933 年的《开发田纳西河流域和密西西比河中下游法案》、1961 年的《地区再开发法案》、1965 年的《公共工程和经济开发法》和《阿巴拉契亚区域开发法》、1993 年的《联邦受援区和受援社区法案》等。

这些政策的颁布和实施使美国的贫困人口迅速下降,美国的贫困发生率也大大降低,基本上解决了相对贫困人口的贫困状况。

英国的减贫实践。英国是最早制定收入贫困线标准的国家。英国建立现代福利国家制度之后,绝对贫困现象基本消除,1979 年以来,贫困问题开始转向相对贫困人口。英国的相对贫困人口主要集中在失业者、体力劳动者、老年人、残疾人等群体。贫困落后地区,主要集中在北爱尔兰地区。

英国的反贫困措施主要有社会福利和区域开发两个方面。一方面,通过立法的形式强制执行社会福利。英国历史上有关社会福利的法律,有 1601 年颁布的《济贫法》、1908 年颁布的《老年赡养法》、1948 年颁布的《国民救济法》和《国民保险法》等。相较而言,英国的福利措施更加健全、更加制度化和系统化,英国成为所有国家中福利法规最为完善的国家之一。另一方面,推行区域开发方面的政策。首先以失业率作为主要参照依据,将失业率高于全国平均水平的地区确定为需要援助的地区。起初将失业工人迁移到经济发达地区,后来通过基础设施建设,鼓励厂商通过投资等措施加快高失业地区的内在发展并创造更多的就业机会。政府还通过投资补贴和就业补贴等财政措施,刺激在落后地区建立新企业和小型企业,吸纳更多就业;建立"自由企业园区"和"免税港"等吸引更多企业到受援助地区投资建厂,从而带动当地经济的迅速发展。

日本的减贫实践。日本的综合国力比较强大,它在"二战"后很短的时间里迅速发展,是亚洲地区最富裕的国家,有许多反贫困的经验值得我们仿效。

在战后,日本经济遭到严重破坏,尤其是在农村地区,经济更为落后。为了迅速改变这种状况,日本政府主要采取了制定和执行《山村振兴法》和《过疏地域振兴特别措施法》等法规、法令和对北海道的专门开发来推进后进地区的振兴。

针对日本贫困农村的现状，日本政府大体上分两个阶段实施反贫困的发展战略。第一个阶段是 1955—1962 年。这一阶段的主要目标是强化农村的基础设施和公共设施建设，推进农民合作和组织水平。在这一阶段，日本政府采取了三项主要措施：其一是制定推进新农村建设的规划，确立在 900—1000 户规模町开展建设，共建设了 4585 个市町村；其二是创建新农村建设体制，成立农村振兴协会；其三是筹措建设资金，采取农民集体集资、金融机构贷款和政府财政补贴三结合的筹资办法。第二阶段是 1967—1979 年。这 13 年主要是推动日本新农村建设。在这一阶段，政府工作主要突出了三个方面：一是进一步加大农业生产和农村居民生活的基础设施和公共设施建设力度；二是向农村引入工业（1971 年出台《农村地区引入工业促进法》）；三是提出并实施了"把农村建设成具有魅力的舒畅生活空间"的目标。

2. 发展中国家的减贫实践

当前，国际贫困人口主要集中在发展中国家的中等收入国家，南亚和撒哈拉以南非洲仍是当前全球减贫的重点区域。在多维贫困人口中，51% 居住在南亚，28% 居住在撒哈拉以南非洲。这些国家的减贫实践在国际援助的基础上，积极探索适合本国国情的长期脱贫政策和措施。

印度的减贫实践。印度是世界上贫困人口最多的国家。贫困人口规模庞大，地区分布差异比较明显，东部和中部地区占到总贫困人口的一半以上，而且群体分布主要集中在小农、边际农（耕种土地不到半公顷）、无地农、低种姓等。印度的顽固贫困成因根深蒂固且错综复杂：非正式、不稳定的就业薪酬很低，对少数民族和贫民种姓持有歧视，性别不平等，贫困邦和贫困社会群体的生育率偏高等。

印度政府从第五个五年计划开始，把减轻贫困作为发展政策的主要目标之一，并通过多种计划的实施来帮助和促进贫困地区的发展。印度倡导一种满足人类基本需要的战略，主要采取直接向贫困人口提供食物、住房、医疗、教育服务等生活必需品的方式来达到反贫困的目的。20 世纪 60 年代开展了一场声势浩大的"绿色革命"，其主要内容是发展农业生产力，增加粮食供给来解决农村地区的贫困危机。后来，贫富差距扩大，贫困人口难以得到实质性的好处。于是在 20 世纪 70 年代初期，印度对前一战略做了调整，实行了稳定增长、消灭贫困、满足最低需要的"缓解农村贫困计划"。该计划时间跨度比较长，依时间顺序排列，主要包括：小农和边际农发展计划（1970）、干旱地区发展计划（1972）、乡村综合发展计划（1978）、国家乡村就业计划（1980）等。

印度在实施以缓减农村贫困为主体的满足基本需要战略的同时，也积极实施了区域倾斜政策，加大了对东北边疆贫困地区的开发力度。政府组织各方面的力量，整合各方面的资源，发动社会各个职能部门，投入到东北边疆区域开发的运动中来。如加快公路、铁路、能源等基础设施建设，实施园艺、农林等新工业政策，加快资金的流动等。1996 年，政府还出台了"看东北"的政策，要求每年将年度预算资金的 10% 定向投入东北部地区，以保证资金的足额、及时、准确地到位。

孟加拉国的减贫实践。孟加拉国是一个传统的农业国家，有将近 90 万的人口居住在农村，但由于土地主要集中在少数大地主手中，所以 80% 以上的农村人口是佃农，靠出卖劳动力维持生计，生活异常艰难，绝对贫困现象比较普遍。在这种情况下，单独依靠在局部地区提高农产品产出率的办法不能从根本上解决贫困问题。在长期的反贫困的实践中，孟加拉国探索出一条独特的扶贫方式——小额信贷扶贫模式。

小额信贷最早起源于孟加拉国吉大港大学经济系教授、2006 年度诺贝尔和平奖获得者穆罕默德·尤纳斯于 1974 年创建的格拉明乡村银行

（Gralmeen Bank，GB）。GB 开创了许多新的理念，如将银行的帮助延伸到贫困人口，消灭了贷款者的剥削，给广大没能利用的人力资源创造自我就业的机会，将长期的"低收入—低储蓄—低投资—低收入"的恶性循环转变成"低收入—贷款—投资—更多收入—更多储蓄—更多投资—更多收入"的良性循环。小额信贷是按商业化原则向穷人提供的不需要抵押担保的，制度化、组织化的金融服务，通过周密的组织来确保贫困者能够从小额信贷中受益。GB 明确限定只为无地（landless）或无财产（assetless）的人提供贷款服务，采取整贷零还的方式来分散贷款风险。此外除重点向妇女提供贷款服务外，还为其提供一些如教育、营养、卫生等非金融服务。

GB 在扶贫实践中取得了辉煌的成绩。小额信贷解决了资金短缺的问题，而且将资金直接投向最贫困的人，从而弥补了采用区域瞄准措施所造成的瞄准偏差和扶贫资金使用效率低的缺陷。

南非的减贫实践。南非属于中等收入的发展中国家，也是非洲经济最发达的国家，但国民经济各部门、各地区发展不平衡，城乡、黑白二元经济特征明显。

20 世纪 80 年代初至 90 年代初，受国际制裁影响，南非经济出现衰退。南非新政府制定了"重建与发展计划"，强调提高黑人社会、经济地位。1996 年推出"增长、就业和再分配计划"，旨在通过推进私有化，削减财政赤字，增加劳动力市场灵活性，促进出口，放松外汇管制，鼓励中小企业发展等措施实现经济增长，增加就业，逐步改变分配不合理的情况。2006 年实施"南非加速和共享增长倡议"，加大政府干预经济力度，通过加强基础设施建设、实行行业优先发展战略、加强教育和人力资源培训等措施，促进就业和减贫。2009 年，南非人均 GDP 已达到 5824 美元。

在城市贫困人口减贫方面，1994—1999 年，南非政府共筹集投入

125 亿兰特建设低造价住房，以缓解黑人城镇居民住房问题。

在教育方面，因长期实行种族隔离的教育制度，黑人受教育机会远远低于白人。1995 年 1 月，南非正式实施 7—16 岁儿童免费义务教育，并废除了种族隔离时代的教科书。政府不断加大对教育的投入，着力对教学课程设置、教育资金筹措体系和高等教育体制进行改革。同时，19 世纪初中国台湾和香港移民的涌入，以及 20 世纪 90 年代以来大批中国大陆人员来此投资创业，均给南非的中文教育烙下了深刻的印记，南非的中文教育呈现出多元化特点。

二、国内扶贫与脱贫攻坚

新中国开启了向贫困宣战的新时代。改革开放以来，中国大力发展扶贫开发项目，动员全社会力量共同解决贫困问题。30 多年间，中国大幅度减少本国贫困人口数量，高速度推进减贫事业发展，对于减少全球贫困人口事业发挥了巨大作用，堪称发展中国家的楷模。但脱贫的道路从来不是一帆风顺的，返贫现象的存在、贫困人口的分散化和减贫成本的增加，让中国的减贫道路充满了曲折和复杂，减贫工作任务依然艰巨，脱贫攻坚不容丝毫懈怠。

（一）中国特色的扶贫道路

改革开放以来，中国人民积极探索，顽强奋斗，走出了一条中国特色减贫道路。以政府为主导，把扶贫开发纳入国家总体发展战略，坚持开发式扶贫方针，动员全社会参与，构建了政府、社会、市场协同推进的大扶贫格局，形成了跨地区、跨部门、跨单位，全社会共同参与的多元主体的社会扶贫体系。实践证明，这条中国特色减贫脱贫道路是正确的、成功的。

1. 农村贫困人口大幅减少

我国作为世界上最大的发展中国家，贫困人口曾经占世界贫困人口总量的 20%，但是经过 30 多年的改革开放与发展，贫困人口大幅度减少，贫困程度也在不断减轻，从而使得我国的贫困局面发生了根本变化。1978 年，我国农村贫困人口尚有 7.7 亿人，1985 年我国农村赤贫人口减少到 7.6 亿人。按照 2000 年贫困标准（农民人均纯收入 865 元），贫困人口从 2000 年的 9422 万人下降到 2010 年的 2688 万人。贫困发生率从 2000 年的 10.2% 下降到 2010 年的 2.8%。在新扶贫纲要实施阶段，2300 元贫困线下的贫困人口从 2011 年的 1.22 亿人减少至 2014 年的 8000 多万人。经过中央和各级地方政府共同努力，2014 年度减贫目标超额完成，共减少农村贫困人口 1232 万人，减少 14.9%。截至 2015 年，我国农村贫困人口总数为 7017 万人。

改革开放以后农村贫困人口数量变化折线图（单位：万人）

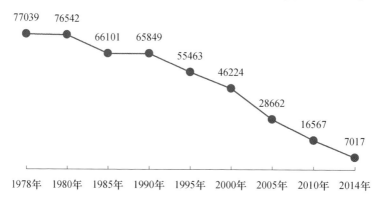

| 77039 | 76542 | 66101 | 65849 | 55463 | 46224 | 28662 | 16567 | 7017 |

1978年　1980年　1985年　1990年　1995年　2000年　2005年　2010年　2014年

2. 贫困地区基础设施和公共服务不断完善

随着扶贫脱贫政策的落实，贫困地区基础设施和公共服务水平进一步提高。主要体现为：

贫困地区农民受教育程度进一步提高。扶贫统计监测数据显示，2012 年，集中连片特困地区县农村劳动力中，初中及以下教育程度者占 81.4%，高中教育程度者占 12.6%，大专及以上教育者占 6%；与 2011 年相比，初中教育程度者增加 8.4%，高中教育程度者增加 4.3%，大专及以上教育程度者增加3.3%。重点县农村劳动力中，初中及以下教育程度者占82.5%，高中教育程度者占10.5%，中专教育程度者占1.7%，大专及以上教育程度者占5.3%。与2011年相比，初中及以下教育程度者增加13.5%，高中教育程度者增加3.5%，中专教育程度者增加0.7%。

医疗卫生条件进一步得到改善。2012年，片区县行政村有卫生室的占94.6%，比2011年增加13.6%；每千人拥有医生为0.9人；每千人拥有乡村医生资格证书0.7个；政府对村卫生室平均补贴3938.10元，比上年增加801.30元。新型农村合作医疗参合率达91%，比2011年增加1.9%。重点县行政村有卫生室的占85.7%；每千人拥有病床数5.9张，比2011年增加168.2%；每千人拥有医生数0.9人，乡村医生拥有资格证书的占77%，比2011年增加4%，政府对卫生室平均补贴4786元，新型农村合作医疗参合率达92%，比2011年增加1.6%。

农村居民住房水平进一步提高。从片区县看，片区县农村居民住房结构得到改善，砖混结构房占比有小幅提升，土木结构房占比有所下降。2012年，13个片区（西藏除外）农村居民人均住房面积30.5平方米。从住房结构来看，土木结构的住房占42.2%，比2011年下降2.8%；砖木结构的住房占27.4%，比2011年下降0.9%；砖混结构的住房占27.2%，比2011年增加3.1%。此外，仍有0.8%的农户住房为茅草房结构。

交通扶贫脱贫成绩斐然。5年投入车购税资金5500亿元，集中连片特困地区92%的县城通二级及以上公路，86.5%的建制村实现了硬结路通畅，成功实施了309个"溜索改桥"项目。"十二五"期间，我国公路网络不断延伸，全国公路通车总里程达457万公里，高速公路里程突破12万公里，"7918"国家高速公路网基本建成，农村公路里程突破397万公里，西部地区81%的建制村实现道路通畅，国、省干线公路技术等级逐步提升，全国96%的县城实现二级及以上等级公路连通，公路养护管理水平持续提升。邮政网点密度明显提高，8840 个空白乡镇邮政局所补建完成，实现"乡乡设所"，全国网点总数达到 5.3 万处，快递营业网点达 14.5 万处，重点快递企业乡镇网点覆盖率达 70%。

3. 贫困地区经济加快发展

随着各项扶贫脱贫措施的实施，贫困地区经济取得一定的发展，农民收入逐年提高，贫困农户生活消费支出也在不断增长。

贫困人口收入水平逐年提高。2010 年，贫困农户人均纯收入占全国人均纯收入的 33.8%，比 2000 年下降 2.3 个百分点。以 2010 年不变价格计算，贫困农户收入仅相当于 1990 年前后的全国平均水平，也就是说 2010 年贫困农户人均收入水平比全国平均水平落后 20 年左右。贫困农户收入来源主要是家庭经营收入和农业收入。值得注意的是，贫困农户转移性收入从 2005 年的 39 元增长至 2010 年的 188 元，增长了近 4 倍，这与国家政策支持扶贫，增加转移性支付密不可分。2012 年，14 个片区县农民人均收入为 4849.6 元，同比增长 472.20 元，增幅为 10.8%，片区农村居民人均收入为全国农村平均水平的 61.2%。592 个重点县农民人均纯收入为 4623.50 元，同比增长 715.50 元，增幅为 18.3%，重点县农村居民人均纯收入为全国农村平均水平的 58.4%，农户家庭经营收入持续增加。工资性收入增长最快。数据显示，家庭经营性收入为 1781 元，占总收入的 37.4%，片区县人均工资性收入为 2917.10 元，同比增长 574.60 元，增幅为 24.5%；农村居民家庭经营性收入为 1822.90 元，占总收入的 37.6%。重点县人均工资性收入为 2750 元，同比增长 882 元，增幅为 46.9%。转移性收入增长较快，高于全国农村平均水平。随着国家惠农、强农、富农政策不断加强，2012 年，片区县农村居民人均转移性收入为 98 元，同比增长 63.20 元，增幅为 181.6%，对农民增收的贡献率为 13.5%。重点县转移性收入达到 107 元，同比增长 20 元，增幅为 22.9%，增速比全国农村平均水平高 1%。

贫困农户生活消费支出增长，恩格尔系数（食品支出总额占个人消费支出总额的比重）下降。随着农村居民收入快速增长，贫困农户生活消费支出也持续增长，生活水平明显改善。2010年，我国农村贫困人口人均生活消费支出为1490元，比2000年增长14.1%，年均增速达7.9%。同年，我国农村居民人均生活消费支出4382元，比2000年增加162.4%，年均增速达10.1%。尽管贫困人口生活消费实现稳步增长，但人均消费支出仍不足全国水平的1/3。2010年，贫困户中有52.6%的生活消费支出高于纯收入，也就是说半数以上的贫困户入不敷出。2010年，贫困农户恩格尔系数有所下降，人均食品、衣着、居住的支出为1193元，比2000年增长1.1倍；食品、衣着和居住支出占生活消费总支出的80%，比2000年下降0.3%。2010年，贫困农户食品支出占生活消费支出比重为64.4%，比2000年下降0.9%。除衣、食、住这些满足基本生存需要的消费外，贫困农户用于提高生活质量的消费很少。2010年，贫困人口人均家庭设备用品及服务支出为60元，相当于全国水平的25.6%；人均交通通讯支出为94元，相当于全国水平的20.4%；人均文教娱乐支出为48元，相当于全国水平的13.1%；人均医疗保健支出为72元，相当于全国水平的2.1%。

4. 扶贫开发机制创新取得新突破

改革开放特别是党的十八大以来，中国扶贫开发取得了显著成就。这些成就的取得，不断创新的扶贫开发机制是重要因素。经过30多年的发展，扶贫开发具有了明确的任务目标、总体规划，特定的扶持范围和重点，相应的组织工作机构，扶贫开发机制实现了一系列的重要转变和创新。

一是深入推进开展精准扶贫脱贫，瞄准个体，对症下药。以贫困村、贫困户精准识别为前提，完善贫困户贫困人口精准管理机制，切实做到扶持对象精准、项目安排精准、资金使用精准、措施到户精准、因村派人（第一书记）精准、脱贫成效精准"六个精准"，确保动态化管理，集聚人力、物力、财力，确保精准扶贫脱贫的可行性、有效性和精准性。

二是扶贫脱贫开发管理体制创新，形成"五级联动"合力攻坚工作新格局。推行扶贫脱贫工作责任制，各级党政一把手负总责，实施责任、权力、资金、任务"四到县"，强化县一级党委和政府的扶贫脱贫主体责任。同时，改进贫困县政绩考核评价机制，增加扶贫成果、农民增收等扶贫脱贫考核指标的权重，引导贫困县党政领导把工作重点转到扶贫脱贫开发上来。

三是动员全社会参与，形成强大合力，提高扶贫脱贫成效。在政府主导改革创新的基础上，充分发挥市场的带动作用以及以帮扶促自强的联动作用，形成政府、市场、社会协同推进的大扶贫工作格局，真正做到帮群众之所想，扶群众之所需，不断提升贫困群众自我发展意识、增收致富能力，扶真贫、真扶贫，达到真脱贫。

5. 对国际减贫事业贡献重大

中国是世界上最大的发展中国家，一直是世界减贫事业的积极倡导者和有力推动者。中国走出了一条和平、和谐、包容、繁荣和共享的道路，不仅实现了本国经济社会发展，还在力所能及的范围内带动其他发展中国家共同发展，对全球减贫事业作出了重大贡献。

作为全球最早实现千年发展目标中减贫目标的发展中国家，中国在减贫过程中，积累形成了具有自身特色的开发扶贫经验，包括：把加快发展作为促进减贫的根本措施，把改善贫困地区群众生产生活条件和提高贫困人口生活水平作为扶贫开发的中心任务，把强有力的政府领导作为实现减贫的重要保证，把增强贫困地区和贫困人口自我发展能力作为实现脱贫致富的主要途径，把广泛动员社会力量参与扶贫事业作为推进扶贫开发的有效模式，把激发群众自力更生、艰苦奋斗精神和主动性、创造性作为扶贫开发的内在活力，把开展国际交流合作作为扶贫开发的重要补充，等等。这些宝贵经验对于其他发展中国家减贫发展具有重要借鉴意义，成为我国对全球减贫事业作出重大贡献的重要内容。

同时，中国也为全球减贫事业发挥了不可替代的作用。60 多年来，中国共向 166 个国家和国际组织提供了近 4000 亿元人民币援助，派遣 60 多万援助人员。中国先后七次宣布无条件免除重债穷国和最不发达国家对华到期政府无息贷款债务。中国积极向亚洲、非洲、拉丁美洲和加勒比地区、大洋洲的 69 个国家和地区提供医疗援助，先后为 120 多个发展中国家落实千年发展目标提供帮助。中国提出共建丝绸之路经济带和 21 世纪海上丝绸之路，倡议筹建亚洲基础设施投资银行，设立丝路基金，就是要支持发展中国家开展基础设施互联互通建设，帮助它们增强自身发展能力，更好地融入全球供应链、产业链、价值链，为国际减贫事业注入新活力。2015 年 10 月 16 日在北京举行的 "2015 减贫与发展高层论坛"，就是中国在取得经济发展的巨大成就后，与世界分享发展理念、实现大国承诺的重要见证。

（二）中国面临的脱贫攻坚形势

改革开放以来，我国坚持通过发展带动脱贫，大规模实施扶贫开发，贫困地区面貌发生了巨大变化，我国 6 亿多人口成功摆脱贫困，取得了举世瞩目的成就，为全球减贫作出巨大贡献。但同时，贫困人口问题仍然是全面建成小康社会的最突出短板，目前脱贫工作已进入 "啃硬骨头" 的攻坚阶段。

1. 贫困人口规模仍然较大

经过 30 多年的扶贫开发，我国农村贫困人口数量和贫困发生率都得到了巨大改变，但是由于我国农村人口基数大，农村绝对贫困人口和农村低收入人口的数量仍然较大。据现行贫困标准，我国尚有 7017 万人的绝对贫困人口。从趋势来看，我国农村贫困人口规模和贫困发生率的下降趋势越来越平缓，这表明我国农村反贫困政策成效呈现出边际递减效应，农村扶贫开发工作面临的形势越来越严峻。

《国家八七扶贫攻坚计划（1994—2000 年）》和《中国农村扶贫开发纲要（2011—2020 年）》实施后，我国农村贫困面逐渐缩小，贫困人口分布日趋集中。从地域分布来看，贫困人口主要集中于中西部地区，并呈现出进一步向中西部地区集聚的趋势；从地势分布来看，贫困人口向高寒山区集中，且由于高寒山区的自然环境恶劣，公共服务设施薄弱，扶贫难度大，贫困人口呈现出向高寒山区进一步集中的趋势；从民族分布来看，贫困人口逐步向少数民族聚居区集中，且因少数民族地区的减贫速度要慢于其他地区，全国农村贫困人口表现出向少数民族聚居地区集中的迹象。

2. 脱贫攻坚的成本越来越大

改革开放以来，特别是近年来，在党中央、国务院以及各级党委、政府的正确领导下，在有关部门和社会各界的大力支持下，全国各地扶贫脱贫工作取得显著成效，贫困地区经济社会发生了巨大的变化。但是，从长远和全局看，我国贫困面大、贫困人口多、贫困程度深、发展不均衡等问题依然存在，城乡之间、东西部之间、地区行业之间的贫富差距逐渐拉大，导致扶贫脱贫难度越来越大。

一是农民相对贫困日益突出。我国已基本消灭无法满足最基本衣食需要的极度贫困。当前，贫困主要体现在收入、消费上城乡差距越来越大，也体现在城乡二元结构造成农民发展权利、机会的不平等，农民能力匮乏，异常脆弱，被社会排斥，普遍处于相对贫困的弱势地位。

二是现有的贫困人口多是扶贫脱贫的"硬骨头"，脱贫难度大。从贫困人口特征来看，经过几十年的减贫实践，我国现有的 7017 万贫困人口多分布在老、少、边、穷地区，他们或受制于恶劣的自然资源环境，或因家庭客观原因难以从不断发展的市场经济中分一杯羹。简而言之，这些群体更难实现脱贫。从带动减贫的经济动力来看，未来 5 年，我国经济发展将长期保持在中高速的水平，通过经济增长带动贫困人口脱贫，需要在保持稳定经济增速的同时转变发展方式，增加经济增长的益贫性，建立经济增长与贫困人群的利益联结机制，更好地带动贫困人口脱贫致富。脱贫对经济发展的要求更高了，剩余的贫困人口更难脱贫了。

三是贫困表现出由农村向城市蔓延的态势。中国农村人多地少，随着工业化、城市化进程的加快，大批农村剩余劳动力向城市转移，出现了大量中国特色的"农民工"。由于户籍等制度限制，农民工很难平等享受城市教育、医疗、保险等福利待遇，基本生活在城市的最底层，贫困问题突出。世界银行（2009）估计有 1.5 亿农村流动人口（居住在户籍所在地之外达 6 个月以上）转移到城市，2003 年外出务工 6 个月以上的农民工贫困人口占总贫困人口的 9.2%，消费贫困人口占贫困人口的 11.7%。这说明"农民工"贫困人口规模不小，不容忽视。

3. 脱贫攻坚力度亟待加强

就全国来说，解决贫困人口生产生活问题，实现共同富裕，任务仍十分艰巨和紧迫，需要进一步增强做好扶贫脱贫工作的自觉性和坚定性，以更大的决心、更强的力度、更有效的举措，扎扎实实做好扶贫脱贫的各项工作，确保到 2020 年全国全部贫困人口脱贫、成功实现全面建成小康社会目标。

当前，首先，应加快扶贫事业立法步伐，为扶贫脱贫工作奠定坚实的法制基础，做到扶贫脱贫工作有法可依，依法实施。其次，应加强扶贫脱贫资金的协调，并着力解决好专项资金的投入分配以及标准，真正给贫困地区和贫困人口带来实实在在的利益。再次，进一步制定促进贫困人群自主创业的贷款政策。此外，还要关注和解决好资源"富集"地区的贫困问题。比如陕北，虽然拥有丰富的煤炭、石油、天然气等资源，但由于现行政策和体制的原因，已建项目的利润、税收被大量转移，原始产品运出，在本地形不成产业链，导致资源富集区的贫困依然难以解决。总之，脱贫攻坚中的诸多问题，必须下大力加速解决，保障脱贫攻坚的顺利实施。

（三）中国脱贫攻坚的基本任务

2020 年是我国全面建成小康社会的时间节点。党的十八届五中全会指出，农村贫困人口脱贫是全面建成小康社会最艰巨的任务，也是全面建成小康社会的标志性指标。2015 年 12 月 7 日发布的《中共中央、国务院关于打赢脱贫攻坚战的决定》对 2015 年之后的脱贫工作作出了明确安排，指出"打赢脱贫攻坚战，是全面建成小康社会的底线目标"。到 2020 年，实现"两不愁三保障"，核心是"两个确保"。"两不愁"就是稳定实现农村贫困人口不愁吃、不愁穿，实现贫困地区农民人均可支配收入增长幅度高于全国平均水平，基本公共服务主要领域指标接近全国平均水平；"三保障"，就是保障义务教育，保障基本医疗，保障住房安全；"两个确保"，就是确保贫困县全部脱贫摘帽，确保我国现行标准下农村贫困人口全部脱贫。

总的来说，就是要锁定目前 7017 万农村贫困人口，分类完成"五个"一批脱贫任务。

1. 发展特色产业带动一批

发展特色产业带动一批，简称"产业脱贫"，是指立足贫困地区资源，培育特色优势产业，以产业带动经济，增加农民收入，实现就地脱贫。产业脱贫是脱贫的首选路径，也是主要手段。脱贫致富如果没有产业支撑只能是空喊口号。贫困地区脱贫致富，一定要增强"造血"能力和本领，发展产业获取稳定收入，真正达到"治穷根"的目的。

在农业部召开的 2015 年扶贫开发及援疆、援藏工作领导小组第三次会议上，农业部副部长余欣荣指明了产业扶贫的具体目标，"我国 7000

多万农村贫困人口中，有3000万需要通过发展产业脱贫"。即为实现到2020年全面建成小康社会，产业扶贫的任务是带动3000万贫困人口脱贫。

产业脱贫，一是要选准产业。脱贫致富，关键靠产业带动。产业选择要基于对本地资源禀赋、群众意愿等主客观条件的把握，选择带动面广的特色产业作为主导产业。通过对贫困地区各种资源现状的专业的市场调查，结合生产供给端和市场消费端的全面考虑，找到适合本地扶贫开发的产业，按下脱贫快进键。另外，对于引进的扶贫项目，也要综合考核是否符合当地发展实际，绝不能脱离实际，一味追求"高大上"的扶贫项目。二是要构建较为完整的产业链。产业链是产业扶贫的核心。产业要做大做强，真正成为脱贫致富的实现途径，不能停留在简单的农产品种植和单一产品的开发上，必须用能够联结各类生产要素和扩大生产规模、产品种类以及延伸生产链、产品链的方式来实现产业开发建设。贫困地区产业化建设不能简单地沿袭传统生产方式，不能停留在产品的初加工和初级产品的开发上，而应该扩大产业的联结能力，提高产业价值水平，衍生产业的综合开发效应。这对更广泛地提高贫困地区产业脱贫能力，发展贫困地区经济，打造持久的脱贫致富机制极为重要。

2. 发展教育脱贫一批

发展教育脱贫一批，简称"教育脱贫"，是指通过发展贫困地区的基础教育和职业教育，增强贫困地区贫困人口的就业能力，促进贫困人口就业，实现一部分人口脱贫。实施教育扶贫脱贫是促进人力资源发展和新时期国家开发的重要战略组成部分，也是中央明确的扶贫脱贫开发十项工作的重点工作之一。

"治贫先治愚，扶贫先扶智。"防止贫困的代际传播，只能通过教育。实施教育扶贫脱贫开发，加快贫困地区教育发展和人力资源的开发，有助于提高贫困地区群众的基础文化知识和劳动者脱贫致富的能力，也有利于提高贫困地区经济发展承接发达地区产业转移的能力以及提高实现公共服务的精准化程度。

教育脱贫，要求国家教育经费继续向贫困地区倾斜，向基础教育倾斜，向职业教育倾斜，帮助贫困地区改善办学条件，对农村贫困家庭幼儿特别是留守儿童给予特殊关爱。到 2020 年，教育扶贫工程要让每个贫困家庭都能从中受益，让贫困家庭子女都能接受公平、有质量的教育，让贫困地区劳动力获取更多实用技能，阻断贫困代际传递。

3. 通过易地搬迁安置一批

易地扶贫搬迁，是指通过对生存环境恶劣地区的农村贫困人口实施易地搬迁安置，根本改善其生存和发展环境，实现脱贫致富。2015 年《"十三五"时期易地扶贫搬迁工作方案》，明确用 5 年时间对"一方水土养不起一方人"地方的建档立卡贫困人口实施易地扶贫搬迁，力争在"十三五"期间完成 1000 万人口搬迁任务，帮助他们与全国人民同步进入全面小康社会，即通过易地搬迁完成 1000 万人的脱贫任务。

易地扶贫搬迁任务是系统工程，要认真调查研究，制定搬迁安置具体方法，按规划、分年度、有计划组织实施，确保搬得出、稳得住、能致富。一要将易地扶贫搬迁规划和实施方案纳入当地经济社会发展总体规划，分年度、有计划组织实施，以安置区为基本规划单元，统筹安排村庄布局、基础设施、公共服务等内容。二要优先安排贫困村以及位于地震活跃带及受泥石流、滑坡等地质灾害威胁的贫困人口，严格执行中央补助人均住房建设面积不超过 25 平方米的规定，不能让群众因搬迁负债、因搬迁影响脱贫。三要积极探索更有效的安置方式，可集中安置、插花式分散安置及通过进城务工、投亲靠友自行安置，让搬迁群众有选择权，不搞强迫命令。四是资金要专项用于搬迁住房和安置区配套设施建设，统筹用好贫困县城乡建设用地增减挂钩节余指标在省域范围内使用政策，确保到 2020 年实现搬迁对象生产生活条件达到小康社会水平。

4. 结合生态保护治理受益一批

结合生态保护治理受益一批，简称"生态保护脱贫"，是指通过保护和恢复贫困地区的生态环境，转变贫困地区的经济发展方式，结束贫困与生态破坏的恶性循环，兼顾生态改善和脱贫战略目标。具体是结合生态保护脱贫，将建档立卡的贫困人口转化为生态保护人员、护林员，让那些搬不走又生活在生态脆弱地区的群众，就地转化为工人，领取工资，帮助一部分贫困人口实现就地脱贫。

生态保护脱贫，是中国突破脱贫瓶颈的必然选择。生态脆弱地区经济社会发展的瓶颈在于资源与环境承载力低下，合理利用资源、改善生态环境是缓解贫困、实现区域可持续发展的唯一出路。在生态脆弱区资源与环境承载力没有明显提升之前，以减轻贫困为目的促进经济增长与区域发展的手段，都将是无源之水，没有稳定的基础。

生态保护脱贫，最重要的是立足于区域资源，包括自然资源和人力资源，充分调动一切积极因素，努力改善生态环境，筑牢生态脆弱区脱贫与发展的基础。一是充分利用生态脆弱区特色物产和景观资源。依托这些特色资源发展生态经济，带动区域就业，且具备竞争优势，能够吸引外来投资。二是充分利用贫困地区人力资源。贫困人口是生态恶化的直接受害者，他们更希望从生态的持续改善中拓展自身的发展空间和提升发展的能力。生态保护脱贫，还要采取一切措施调动当地贫困人口改善生态环境的积极性，让保护生态成为贫困地区的责任。

5. 实行政策兜底保障一批

实行政策兜底保障一批，简称"兜底脱贫"，是指对贫困人口中完全或部分丧失劳动能力的人，由社会保障政策来兜底，统筹协调农村扶贫标准和农村低保标准，加大其他形式的社会救助力度，帮助这部分人群脱贫。脱贫致富不可能"一刀切"，对于的确丧失劳动能力的贫困人口，要用完备的社会保障政策来兜底。2015 年 11 月 23 日中央政治局会议首次明确了社保政策兜底脱贫的规模，"到 2020 年完全或部分丧失劳动能力的 2000 多万人口要全部纳入农村低保制度覆盖范围，实现社保政策兜底脱贫"。

兜底脱贫，是给无力脱贫者"输血"，通过落实各项兜底政策，以低保政策、医疗救助、特困供养、临时救助等举措织密补牢"民生保障网"，以精准救助助推精准扶贫。"低保兜底"是扶贫的最后一道屏障。我们必须立足"兜底"保基本，在"低保兜底"扶贫上狠下功夫，做到及时，应兜尽兜、兜住兜牢，保障贫困群众的基本生活。一方面要针对医疗救助类贫困群众，分"正在治疗"和"因病负债"两类情况给予救助，从减少医疗费用和解决因病导致家庭收入降低两端用力，让生病者看得起病，让因病负债者减轻负担，着力从机制上解决因病致贫问题。另一方面则要针对无劳动能力的低保制度兜底类贫困群众，按照扶贫线和低保线"两线合一"的要求，予以兜底扶贫。

（四）中国脱贫攻坚的基本要求

消除贫困、改善民生、实现共同富裕，是社会主义的本质要求，是我们党的重要使命。改革开放以来，经过全国范围有计划、有组织的大规模开发式扶贫，我国贫困人口大量减少，贫困地区面貌显著变化，但扶贫脱贫工作依然面临十分艰巨而繁重的任务，已进入啃硬骨头、攻坚拔寨的冲刺期。形势逼人，形势不等人。各级党委和政府必须增强紧迫感和主动性，在脱贫攻坚上进一步理清思路、强化责任，采取力度更大、针对性更强、作用更直接、效果更可持续的措施。

1. 发挥政治优势和制度优势

打赢脱贫攻坚战，是一项标志着我国跨越历史阶段的艰难决战，必须立足国情，充分发挥我国的政治优势和制度优势。这是我们打赢脱贫攻坚战的基本保证。

党的领导是脱贫攻坚的最大政治优势。中国共产党的领导是脱贫攻坚的根本保证，是我们必须坚持的根本政治原则。中央决定，脱贫攻坚任务重的省、区、市的党政一把手要签订脱贫攻坚责任书，向中央作出承诺。中央要求，层层落实责任，省、市、县、乡、村五级书记一起抓。明确规定向贫困村派出第一书记和驻村工作队，建设好村"两委"，把脱贫攻坚任务落实到"最后一公里"。可以说，党的领导是我们独有的政治优势，是我们脱贫攻坚的领导核心，各级党委和政府必须坚决听从命令、服从指挥，不打折扣地按时按节点落实好各项脱贫致富指标。

政府主导是脱贫攻坚的中国特征，也是扶贫脱贫的制度优势。经济增长并不能自动实现减贫，必须坚持政府主导的扶贫脱贫制度，发挥好政府在脱贫攻坚中的主导作用。政府要制定有利于贫困地区贫困群众脱贫的经济社会发展战略和脱贫规划，要组织动员各地区、各部门、各行业的资源支持脱贫攻坚，做到扶贫脱贫项目优先安排，扶贫脱贫资金优先保障，扶贫脱贫工作优先对接，扶贫脱贫措施优先落实。

社会参与是中华民族的优良传统，也是打赢这场脱贫攻坚战的重要因素。中华民族素有扶贫济困、人心向善的传统美德。要坚持东西部扶贫脱贫协作，东部率先发展的省、市要结对帮助西部省、区、市脱贫，党政军机关和国有企事业单位要参与定点扶贫，民营企业、社会组织和公民个人要积极参与其中。构建起中国特色的社会扶贫脱贫体系，不断发展完善，形成脱贫攻坚的强大合力。

2. 扩大贫困地区基础设施覆盖面

扩大贫困地区基础设施覆盖面，是"十三五"时期我国经济社会发展的一项重大要求。在脱贫攻坚、全面建成小康社会决胜阶段，拓展发展新空间、塑造区域发展新格局，要求切实发挥基础设施建设的引导作用。应从科学发展的视角，深刻认识扩大贫困地区基础设施建设覆盖面的重大意义和深远影响。

扩大贫困地区基础设施覆盖面，内容包括信息、能源、电信、水利等基础设施，铁路、公路、水运、民航、管道、邮政等构成的综合交通基础设施网络，城市供水、供电、供气地下管网和防洪、防涝设施等。拓展基础设施建设空间，要与培育发展新动力、深入实施创新驱动发展战略、构建产业新体系、形成发展新体制等主要任务一并考虑，与拓展国土发展空间、拓展产业发展空间等统筹起来，与扩大开放、加强合作、共赢共建共享统一起来，探索拓展发展新空间的路径、方式和举措。

扩大贫困地区基础设施覆盖面，要根据脱贫攻坚、全面建成小康社会决胜阶段的新形势、新特点，把提高脱贫人口生活水平和质量、增进贫困群体福祉、促进贫困群体的全面发展作为出发点和落脚点。一要坚持发展是第一要务，坚持先行引导、适度超前的原则，保持一定的发展速度，有序推进基础设施建设，努力实现基础设施能力适度超前配置，为保持经济中高速增长提供坚实基础和有力保障。二要突出重点领域，加强薄弱环节，优化布局结构，提升保障能力，有效支撑贫困地区经济社会发展重大战略的实施，优化贫困区域和城乡发展结构。

3. 推进贫困地区公共服务均等化

基本公共服务均等化，是扩大公共财政覆盖面，让全体贫困人口共享改革发展成果的制度安排。从基础性、广泛性、迫切性、可行性方面考虑，义务教育、公共卫生与基本医疗、基本社会保障、公共就业服务是建立社会安全网、保障全体贫困人口基本生存权和发展权必须提供的基本公共服务，是当前我国基本公共服务均等化的主要内容。

一是建立城乡统一的公共服务制度。建立城乡统一的基本公共服务制度，提高城乡一体化的基本公共服务水平，是一项长期的发展任务，更是当前脱贫攻坚、全面建成小康社会的基本要求，应加快制度设计，明确将建立城乡统一的公共服务制度作为新阶段脱贫攻坚的主线。

全面推进以落实教育经费保障机制为重点的贫困农村义务教育体制

改革。在免除学杂费的基础上，进一步明确各级政府在贫困农村义务教育方面的支出责任：把原来的学杂费规范地转换为中央、省、市、县的政府投入，通过省级政府进一步追加经费，免除贫困县义务教育阶段包含学杂费在内的所有费用，逐步缩小贫困地区城乡义务教育办学条件和教育质量的差距。

全面推行新型农村合作医疗制度。中央和省级政府应当逐步增加投入比例，稳定广大贫困地区农民对政府长期发展新型农村合作医疗的预期；完善保障办法，在保大病的同时，兼顾常见病、多发病的预防和治疗；加强贫困农村三级卫生服务网络建设，逐步扩大定点医疗机构，使参保贫困农民有更多的选择余地，促进医疗机构改善服务质量和降低价格；对外出务工的贫困地区参保农民，允许其在外地符合条件的医院就医，然后凭相关证明到参合地报销；加强对医疗基金的管理和监督，建立健全新型农村合作医疗管理组织、参保者和医疗单位三方制约机制，规范保险基金的运作，提高资金的使用效率。

全面落实贫困农村最低生活保障。中央和省级政府应当尽快制定贫困农村最低生活保障的相关法规和条例。各地区要根据贫困农民最基本的生活需要和本地经济发展水平测算出贫困对象年人均消费水平和人均基本生活费支出，确定贫困农村最低生活保障标准。保障资金的来源应坚持政府投入为主的原则，把贫困农村最低生活保障资金列入财政预算。根据不同地区的经济发展水平，合理划分各级政府的资金负担比例，考虑到贫困县乡财政困难，尽可能降低其负担比例。加大中央、省两级财政转移支付力度，确保贫困农村最低生活保障资金足额到位。加强财政、民政、教育、劳动保障、卫生等部门的沟通与协作，整合各项惠农政策，实现由单项救助向综合救助的转变。

积极开展新型贫困农村社会养老保险试点。把贫困农村社会养老保险制度建设纳入经济和社会发展规划，全面部署，积极推进；明确中央和地方财政的责任，加大公共财政对贫困农村社会养老保险制度建设的投入力度；探索建立贫困人口个人缴费、集体补助、政府补贴的多方筹资机制和以个人账户为主、统筹调剂为辅的新型贫困农村社会养老保险制度；理顺并健全贫困农村社会养老保险管理体制，完善基金运营和监管制度。在制度设计上，要充分考虑到未来贫困地区城乡衔接的问题。

二是改革和调整中央地方关系，建立区域协调发展机制。重点是建立中央与地方政府合理的分工体制，使贫困地区基本公共服务的责任与财力相对称。

合理划分中央与地方政府在贫困地区义务教育中的分工。中央与省级政府要承担更多的贫困地区义务教育职责。中央政府应当承担两大协调任务：（1）以中央政府为主增加对中西部贫困地区农村的义务教育支出，中西部贫困地区农村（包括县城）免收的学杂费全部由中央财政承担。（2）通过中央财政预算平衡地区间财政教育经费的差距。比如，可确定人均财政性教育经费低于全国平均值 80% 的省份，由中央补足到 80% 的水平。省级政府通过全省预算增加贫困地区义务教育事业费。贫困地区市、县两级政府主要承担教育质量管理和部分经费的义务，如校舍建设等。

合理划分中央与地方政府在贫困地区公共卫生和基本医疗服务中的分工。总的原则是，公共卫生职责在中央，财力由中央与省级政府分担，以中央为主。逐步减轻贫困地区市、县两级政府的财政负担和居民的分担比重（部分通过基本医疗保险解决）。建议将财政性医疗经费占 GDP 的比重提高到 3%，增加的部分由中央与省财政分担。中央政府通过转移支付平衡贫困地区间财政性医疗卫生经费支出的不均等。

合理划分中央与地方政府在贫困地区基本社会保障工作中的分工。中央政府要尽快出台相关政策，统一贫困地区基本社会保障制度安排，提高贫困地区社会保障的统筹层次。加大中央财政对省级财政的转移支付力度，完善省级财政预算及分配体制，确保贫困地区社保资金有"保障"。在完善贫困地区城镇居民社会保障体系的同时，制定有效措施，统筹规划和解决贫困地区农村社会保障特别是贫困农民工的社会保障问题。

合理划分中央与地方政府在贫困地区公共就业服务中的分工。公共就业服务属于地方政府的职责范围，城市的就业服务主要由城市政府实施，对于贫困地区，省级政府和中央政府应提供一定的就业培训方面的专项补贴。流出地政府主要负责贫困农民就业培训（包括贫困地区农村中学生就业前的职业教育和培训）。因为，由流入地的政府对贫困农民工的职业培训进行补贴是合理的，但操作难度很大。因此，中央和省两级财政需要根据流出地贫困农民工数量及培训规模进行专项补贴，并建立专门针对贫困地区、困难群体的就业援助制度。

三是统筹解决贫困地区农民工基本公共服务供给。贫困地区农民工的问题既涉及地区协调，又涉及城乡对接，需要中央政府统一政策，妥善解决贫困地区农民工基本公共服务属地管理问题。贫困地区农民工在流入地创造财富，成为流入地政府的纳税人。因此，流入地政府应在贫困地区农民工基本公共服务供给中承担更大的责任。

全面解决贫困地区农民工子女义务教育的问题。针对流入地和流出地义务教育经费衔接困难的问题，实行义务教育全国通用的教育券制度。贫困地区农民工子女可以凭教育券在全国任何一个地区就学，国家按照学校提供的教育券进行财政拨款支持；或者，按照近年当地义务教育实际入学学生数对贫困地区农民工子女义务教育进行专项财政转移支付。在贫困地区农民工流入地公办教育资源不足的情况下，应降低民办学校准入门槛，采取政府向民办学校购买服务等多种方式解决贫困地区农民工子女义务教育的供给问题；流入地地方政府应加大对贫困地区农民工子弟学校的帮扶力度，在办学场地、教学设备和办公经费等方面给予必要的财政补贴，以降低其办学成本。

建立贫困地区农民工的基本社会保障制度。对愿意参加户籍所在地新型农村合作医疗的贫困地区农民工，应采取有效措施，使其在流入地医院看病的费用可以在流出地报销；对愿意参加流入地城镇基本医疗的贫困地区农民工，流入地政府要降低最低缴费基数，使大多数贫困地区农民工能够负担得起城镇基本医疗的个人缴费。在有条件的地区，应逐步探索贫困地区农民工实施新型农村合作医疗和城镇基本医疗制度衔接的有效途径。在基本医疗方面，尽快实行全国统一联网，使贫困地区流动人口个人账户可转移。目前参加工伤保险的贫困地区农民工比例仍然较低，需要通过立法，对于危险性行业，将工伤保险定为强制险，并对有关资费问题进行规定。建立适合不稳定贫困地区就业农民工特点的过渡性养老保险制度。可采取社会统筹和个人账户相结合的制度模式，先建立可跨地区转移的贫困地区农民工养老保险个人账户，待时机成熟后再纳入养老保险社会统筹。

加强贫困地区农民工的公共就业服务。尽快实行贫困地区农民工就业管理与服务的就业信息卡制度，将贫困地区农民工的管理与服务纳入整个信息网络。加快构建反映贫困地区劳动力变动情况的综合信息交换平台。在此基础上，实现贫困地区跨城乡、跨地区公共就业服务的对接，使贫困地区农民工在职业介绍、职业培训、就业和失业登记、劳动合同管理等方面享有与城市居民同等的待遇。

4. 落实脱贫攻坚工作责任制

脱贫攻坚工作责任制，要求从领导班子抓起，落实一把手主责制；强化脱贫攻坚工作责任考核，实行脱贫攻坚工作一票否决制；坚持领导干部以身作则，将脱贫攻坚工作落实到位。

一是思想要高度重视，明确任务，牢记职责，全面贯彻落实各项脱贫致富指标，确保贫困群众早日脱贫致富。二是要加大对扶贫脱贫资金的管理，对于非法挪用扶贫脱贫资金等行为必须严惩不贷，有效整合各类扶贫脱贫资源，开辟开发新的扶贫脱贫资金渠道，保证用好用到位。三是要细化扶贫脱贫对象的确认机制，严格把关，保证扶贫脱贫对象的真实性；严格落实追责制，对于滥用职权"走后门""伪贫困"等违纪问题，对于无视政策法规的行为，要严肃处理，一追到底。总之，要以"责任制"落实脱贫攻坚任务，凡是没有在规定的时间节点完成规定的脱贫攻坚任务，实行一票否决制，视情态严肃问责，严肃处理。

2016年是"十三五"开局之年，是打赢脱贫攻坚战的第一年。我们要在党中央、国务院的坚强领导下，全面分析认识脱贫攻坚战的国内国际环境，奋力拼搏，扎实工作，开好头起好步，坚决打赢脱贫攻坚战，确保所有贫困人口按期脱贫，贫困县按期摘帽，与全国人民一道迈入全面小康社会。

第三章

"决战2020"的战略设计

2015 年 10 月 29 日,《中共中央关于制定国民经济和社会发展第十三个五年规划的建议》正式通过,建议明确提出,"到 2020 年,通过产业扶持,解决 3000 万人脱贫;通过转移就业,解决 1000 万人脱贫;通过易地搬迁,解决 1000 万人脱贫,总计 5000 万人左右。还有 2000 多万完全或部分丧失劳动能力的贫困人口,可以通过全部纳入低保覆盖范围,实现社保政策兜底脱贫"。基于这个基本规划,本章提出"决战 2020"的战略设计。笔者认为,结合现代国家一些成功的做法,并考虑到我国未来的长远发展,中国农村(包括贫困村)的发展,关键是应建设集产业、项目、政策资金、人才培养、市场开拓等元素为一体的社会生态系统。因此,"决战 2020",应重点推行千县万乡百万农庄计划、小康学院孵化人才计划、万亿政策金融支持计划、消费扶贫社会行动计划。

一、千县万乡百万农庄计划

什么是农庄？农庄是汇聚了若干种植业、养殖业农场，集农业生产、农产品加工、观光、休闲旅游、居住等功能为一体，第一、第二、第三产业高度融合的新型村落，既是农村的基本组织单元，也是农村的基本产业业态，其特点是组织机构健全，教育、医疗、服务等体系完善，种、养、工、副分类运行，社会和谐。千县万乡百万农庄计划，就是指贫困村在推进脱贫致富进程中，要按照农庄的发展需求，整合产业布局和人居环境设计，为最终实现脱贫致富奠定基础。

（一）千县万乡百万农庄计划的国际借鉴

国际经验表明，农村形态向农庄形态演化，有不可逆的必然趋势，也有其自身的规律性，是伴随国家粮食安全和城乡一体化发展趋势而存在的。习近平总书记多次强调："三农"工作是重中之重，革命老区、民族地区、边疆地区、贫困地区在"三农"工作中要把扶贫开发作为重中之重，这样才有重点。既然扶贫开发是"三农"工作的重要内容，那么贫困村的脱贫致富问题就有必要考察国际上农业、农村发展的历史演变，借鉴国外农庄建设的经验，以为千县万乡百万农庄计划提供参考。

1. 国际社会城乡关系发展及农庄建设历史演变

笔者曾经去过一些国家，个人以为，与我们临近的东亚国家和地区，诸如韩国、日本等国的发展经验是值得我们借鉴和学习的。这些国家、地区的过去与我们的国情有很多相似之处，他们也都曾有着小农经济传统，有农耕文化生活的底蕴，而现在它们的工业化比较发达，城镇化水平比较高，农庄建设也比较成型，但与此同时农庄发展也遇到了很多实际问题，我们不妨拿来研究探讨。

（1）在国家发展的初期阶段，城乡发展的"剪刀差"大，农庄建设不可能进行。韩国、日本等在国家发展的初期阶段，经济水平很低，城镇化水平只有 10%—15%，处于贫穷落后的传统农业社会。我们国家在改革开放初期的城镇化水平大约是 18%。为了打破这种积贫积弱的状态，就必须首先发展工业，因为搞现代农业没有资本，只能先搞工业。而工业发展需要城镇作载体，城镇化水平随之提高。这个阶段，城乡发展的剪刀差残酷剥削着农村，因此，农庄建设几乎是被忽略的。这就是，工业开始起步的阶段，城镇化水平上升到 15%—30%，此时的农村积贫积弱，城乡发展差距迅速拉大。

（2）随着工业的发展，城镇变得繁荣起来，而农村建设环境却日益恶化。从国外历史看，随着工业的发展，第三产业会快速发展，城镇由此变得繁荣起来。而城镇第三产业的发展是由大量的廉价劳动力来支撑的，由此造成农村人口大量流出，传统农村村落逐渐衰败，农村环境日益恶化。进入 21 世纪以来，"工业反哺农业、城市支持农村"，就变成了一个严肃的政治命题。这个阶段的城镇化水平在 30%—50%。

（3）第二、第三产业的进一步发展，社会文化水平的进一步提升，必然会导致农村人口继续大幅度减少。同时随着公共财力的增强，城乡社会保障和公共服务差距将逐步缩小，新农村建设就被重新提上议事日程，由此农庄建设的需求就会日益扩大。此时的城镇化水平达到 50%—70%。

（4）当城镇化水平到了 70% 以后，国民经济高度发达，这个时候务农人口占比会变得极小，城市人口占比很大，城乡之间的社会保障、公共服务、生产要素市场等趋于一致。国家对"三农"领域的补贴力度会变得更大，在贫困地区建设农庄的扶持力度更是空前，农庄主正成为一个很体面的身份。但国家总支出比例不一定很高，毕竟农村人口比例很低，但这对务农人员尤其是农庄主的收入来讲很重要。

最近的一份调查研究报告指出，日本非农与务农收入比维持在86%—97%，台湾地区是140%。日本这一比例在2005年就达到了86%，或是由于农业发展结合加工业，或是由于农业、加工业和乡村旅游业相结合；台湾地区的比例也很高，2004年达到77%。在专业和兼业户数比例方面，日本的专业农户不足11%，而兼业农户占到84%；台湾地区专业农户不足10%，兼业农户超过90%。这就是说，农村发展达到一定阶段以后，实际上是兼业化的，不仅仅是种植、养殖，更会与加工业、旅游业、电子商务等产业相结合，通过提高农产品附加值来提升经济效益。另外，国家政策支持在农村发展中占据了重要地位，直接或间接的政策金融支持，能够有效提升务农人员的转移性收入，利于缩小城乡居民收入差别。政策资金支持占务农人员收入的比例，日本是58%，韩国是63%。

由此看来，农庄的建设和发展，就是不希望农村彻底消失，动摇农业的基础性地位。站在国家战略高度看，国家粮食安全具有重要的战略地位，一个国家的粮食不能完全依赖国外进口，即使进口的粮食可能更便宜。同时，努力缩小城乡发展差距，不断改善农民居住环境，提高生活质量，又是一个国家城乡一体化发展的战略重点。因此，农庄的发展就有着不可替代的积极作用。

2. 国外农庄建设览要

上面已提到，东亚国家诸如韩国、日本的农庄建设模式和发展经验是值得我们研究探讨的，下面就梗概介绍韩国和日本的农庄建设。

（1）韩国农庄

韩国的城市化率很高，20世纪70年代达到41%，到了20世纪末的1994年达到77%，现在是90%左右。他们曾经在城市发展和城市化率很低的起点阶段，就很关注农庄建设，倡导农民建设农庄，用以改善农村人居生活环境。

在城市化率程度不高的起步阶段，农庄的农业生产比例很大，政府的投资负担很重，随着城市化率水平的提升，韩国开始转变农庄发展方式，由政府主导变为农民主导、政府支援。资料显示，2005 年以后，韩国的新村（农庄）运动，就实行了由农村提出申请，政府部门筛选、评定，然后给予支持的模式。韩国新村（农庄）运动名声很大，曾向非洲国家输出经验。但单从农村本身看，尽管政府花了很多钱搞新村（农庄）运动，农村仍然是严重衰退的，尤其是农村人口大幅减少，农村人口老龄化极其严重。

韩国政府对农庄的支持力度每年都在持续加大。政府层面的常设机构是"韩国农渔村地区综合开发支援协会"，隶属于中央政府的农林水产食品部，由原分属不同政府主管部门的水利协会、土地开发协会和农田开发协会等于 2000 年合并而成，担当大城市地区以外的农庄发展推进工作，其宗旨是"更好地、有效率地利用农村资源，给农村更多的价值和经济能力"。另一方面，韩国目前也正在出现一些新的积极的态势，比如"归农""归村"潮流已经初现端倪。"归农"就是指外出人口回流，或者城市人口迁移到农庄从事农业劳动。按照韩国的法律，城市的人可以到农庄，有生产能力的人可以买耕地，原来的白领可以务农。"归村"就是城市的人在农村居住，或高龄人口回农村养老。人们思想在转变，过去对农庄的理解仅仅是粮食生产基地，现在理解农庄是生活、生产、就业和休闲的空间。但总体上看，这种情况还是少数。

韩国的新村（农庄）运动起步较早，一方面是城市经济的高度发达，另一方面是农村问题的日益突出，主要是农村的凋零程度令人震惊。政府和社会各界都认识到农村有其不可替代的价值。所以，多年来，韩国政府以及有关机构在农庄问题上倾注了大量的人力和物力，试图激发农庄活力，保持农村的健康发展。资料显示，韩国的农庄建设，已经从早期的新村（农庄）运动发展到如今的农庄支援，即通过自上而下的经济援助和技术支援，达到全面激发的目的。

江原道从 1998 年开始在全道范围内持续开展了"新农村（农庄）建设运动"。梅湖里是江原道新农村（农庄）建设运动的优秀单位，全里有72 户人家，244 口人，144 公顷耕地，320 公顷山林，环境清洁优美，房屋漂亮适用，发展绿色产业及农产品加工业很有特色。梅湖里农庄的村庄道路、水利设施、农房改造均是政府扶持的。评为新农村（农庄）建设运动优秀单位后，农庄曾获得政府奖励 5 亿韩元。同时，该农庄又被评为绿色农村体验村，韩国中央农林水产食品部和江原道又分别给予 1亿韩元的奖励。韩国政府非常鼓励农庄搞种植业，以避免农田丢荒弃农。据当地农庄主介绍，种子、肥料、农药等生产资料的投入费用约 80% 是政府补贴，因此农庄效益较高。该农庄除种植水稻外，还种植高附加值的人参、烟草等作物。农民平均收入，每户每年超过 5000 万韩元（当地每户平均人口 3.3 人），人均收入折合人民币约为 13.4 万元。

梅湖里农庄的水稻田和百亩高丽参种植基地

原州市神林面是韩国信息化试点的农庄，该农庄包括黄屯一里、二里和松溪一里、二里共四个里（实际是自然村），共有 401 户 1667 人。

神林面电话普及率100%，拥有电脑200台，一个电子交易市场。这些设施设备都是各级政府投资的。他们的农庄经营业务主要是高科技大棚种植大辣椒和西红柿、净菜加工包装，开办养鱼场（鳟鱼场）、学生实习电脑房、农产品物流中心、居民休息游乐健身房等。

神林面农庄的大棚种植大辣椒

神林面农庄的农产品机械化分级包装

从资料看，由于韩国是资源小国，节约资源、高效利用资源已形成优良传统。在农庄建设上，他们十分注重调动农庄的积极性，包括引导农庄竞争性地申请农庄建设项目支持，继而政府机构再加以筛选和施以支援。好的样板项目由农庄来搞，政府提供培训和支持，如果做得好再追加经费，项目成功以后还会继续跟踪维护，而不是高层想到什么东西就推行下去。

尽管韩国农庄建设改造取得了一定成效，但即便是较成功的农庄也难以逆转人口流失和衰退的可能性。韩国这种现象可能会维持下去，要再振兴回到过去，回到农村人丁兴旺和社会结构健全的状况可能会很难。

（2）日本农庄

日本的村庄（农庄）是行政建制，村、町、市都是一级行政组织，他们的村是一个很大的地域。现在日本强调六次产业，就是"一产＋二产＋三产"。农业现代化、土地规模化，很大程度上通过租赁向大农户集中。

日本的农庄建设，多元化和休闲化的趋势比较明显。他们居住的房屋不大，宅基地往往和农庄在一起。日本农村人口老龄化也非常严重，但土地基本上看不到抛荒，耕地还是精耕细作，有自己家里种，也有一些是集中起来大户在种。甚至有的把它作为遗产，作为一个所谓的博物馆，实际上是作为文化景观在开发利用。日本的城市化程度很高，20 世纪 60 年代初城市化程度是 63%，2001 年是 86%，现在是 90% 以上。从 1945 年到 1970 年，24 年间村庄数量减少到原来的 8%，也包括大规模的撤并。2010 年后又减少到原来的 2%。但农村并没有被放弃，乡村景观维护、修复还是很重视。

一个报告称，2013 年，日本农村平均年龄是 65 岁。有一农户人家，老伴去世，儿子在城市工作，两个女儿也在附近的城市做公务员和医生。他已经 76 岁高龄了，还在种地，经营一个有 12 公顷的家庭农庄，当然是有配套的专业化服务的。他说，儿子在城里面将来年纪大了还是要回来的。农村空巢老人现象依然很严重。

日本农庄建设基地

日本农庄游养基地

　　还有一个小案例。日本的一个小村落，都是做陶艺的，这是一个保护传统手工艺的村落，经济效益也不好，来的人也不多，但是这些人就是做陶艺，坚持在这里经营。村的路面硬化很到位，显然是希望通过原样恢复来还原历史，传承原来的文化。

北海道的农庄搞大地景观，通过种薰衣草，种各种各样花卉美化大地来吸引游客。游客到这里，可以乘拖拉机，也可以租卡丁车，总之他们是动了很多脑筋的。在城市郊区，农庄基地往往作为城市农园，发挥教育功能。比如，幼儿园出钱认领地瓜农园，在播种、生长和采收的时候，小朋友可以来参观和参与。北海道还有樱桃农园，有几代人的历史，樱桃原来依赖出口，现在主要销到大城市，也可以接收游客到这里参观、采摘，经营很成功。

日本的现代文明程度以及公共管理差异很小，全国城乡居民都可以享受公平的国民待遇，但是经济密度和人口密度反差很大，总体而言，农村人口还是在流失，且人口老龄化很严重。以北海道为例，开发了很多年，至今人口仍然很少，现在只有 500 多万人，而且大部分集中在首府。日本考虑到国土面积比较小，人口密度比较高，经济高度发展，所以城乡区域间的公共服务没有大的差别，政府和民间为城乡区域间的平衡发展投入了很大的财力和努力，但即使是在这种情况下，北部地区的农庄也还呈现衰退趋势。

3. 国外农庄建设的感悟与启示

（1）农村人口持续减少，农村整体衰退不可避免。现代都市生活和工作对农村年轻人有着极大的吸引力，因而农村年轻人大都离村进城，即便是日本这样的城乡区域差别很小的社会亦是如此。这样的后果是农村人口持续减少，农村老龄化不断加剧，随之农村整体衰退的情形不可避免。在一定程度上看，日本农村的今天，将或是中国农村的明天。所以，我们更需要深入考察日本的农庄发展状况和应对策略，对我国农村的现实和未来发展有清醒的认识。应充分考虑城市和工业反哺农业和农村，农村的振兴势在必行，农庄建设的步伐应该加快，但这并不意味着农村人口减少和相对老龄化能够逆转。

（2）城乡要素要能双向流动，农村发展策略和规划要有新思路。随着农业现代化、新型城镇化的快速推进，传统农村村落正在向社区和农庄两个形态演变，其表现形式就是务农人口大幅减少，村庄不断撤并，不同主题的农庄建设步伐加快，农村人居空间不断精简收缩。贫困村发展也不例外。这种趋势同时提出一个诉求，农村社区公共服务设施需要整合优化，避免浪费。所以，城乡要素要能双向流动，农村发展策略和规划必须要有新的思路。根据韩国和日本经验，在高度城市化和现代化的条件下，城乡资源要能双向流动，农民可以进城，城里人也可以"归农"和"归村"。

（3）要有效降低生产风险，提高生产效率。中国的农村差异很大，尤其在贫困村，穷困的原因千差万别。在未来的农庄建设发展中，要因村制宜，很多地区也可以保持农耕生产方式，但需要因势利导推进规模化生产和经营。日本原来有农协，这是一个很大的农村网络，组织供销和方方面面的运转。在我国，最好的发展方式是傍农业产业化龙头企业这个"大款"，这样可以有效降低国家投入，减少风险，提高生产效率。当然也可以联合起来搞公司化运作，营销地方特产，重塑当地风俗民情，开发整合文化资源。

（二）千县万乡百万农庄计划的发展需求

1. 农庄建设的普遍意义

通过国际案例不难看出，农庄是一个组织单元，是现代农业的生产空间。农庄依靠机械化水平和现代组织方式完成农业生产升级，全面提高农业生产效率，由落后的传统农业逐渐发展成为世界先进水平的农业。同时，农庄的居住空间、基础设施相对完善，村民居住水平明显提高，有利于缩减村民与城镇居民之间生活质量的差距。这告诉我们，中国的农庄建设与发展，是带有普遍意义的趋势。农庄建设的好处是：

（1）农庄建设可以发挥农村资源优势。建设农庄，以经营种植业、养殖业、生态旅游业等为主，辅之以农副产品加工和营销，实行土地、技术、资金等生产要素集约化经营，自主决策，经营形式多样，优势明显。

一是可优化配置整合农村资源。农庄的发展，可以吸引大量的人才、资金、技术等优势资源，还可使以土地为主的农业资源得到优化配置，大量的荒山、荒地、荒水、荒滩等闲置资源得以重现生机，得到有效利用。同时，农庄经营并不是简单地扩大土地规模，而是在优化结构、追求质量和效益前提下的新发展，通过运用现代农业科技、增加资本投入、提高经营者素质、改进生产装备，可以不断降低生产成本，最大限度地提高土地产出率和劳动生产力，促进农业由粗放型增长向集约型增长转变。

二是可发挥农村潜在的自然资源优势。通过农庄建设，经营者大多具有信息、技术、资本、管理方面的优势，能对市场需求作出迅速反应，以市场为导向，科技为依托，通过专业化生产和集约化经营，发展适应市场需求的产品，这就充分发挥了农村潜在的自然资源优势，促进了农业产业结构的调整，加速了区域主导产业的形成，为农业产业化经营奠定基础。

三是可构造优势农村竞争主体。农庄经营引入现代企业制度的经营机制和法人治理结构，界定了投资者、经营者和劳动者的利益关系，产权明晰，责任分明，从而激发了生产经营者的积极性，使经营者焕发出新的活力与生机。

（2）农庄建设为农业向深层次改革提供了契机。农庄这种新的农村微观组织单元，虽不是我国农民的首创，但可以在中国广大农村的实践中焕发生机，为农业向深层次的改革与发展提供契机。

一是农庄适应了农村发展主流。发达国家的农业发展，都经历了一个从自然家庭农户经营到农庄经营的发展过程。在欧美、东亚国家，还有我国的台湾地区，农庄经营遍地开花。从农业发展的战略考量，农村劳动力转移、新型城镇化建设，无不与农庄紧密联系。农庄建设是增强我国农业国际市场竞争力的必然选择，是实现农业现代化的必经阶段，也是农村市场主体培育与发展的必然选择，代表着农村市场主体发展的主流方向。

二是农庄适应了农村人口分化主流。从我国实际情况看，虽然现实的土地流转制度还对农庄的发展有一定的束缚作用，但随着农村土地制度改革的深入，农业人口会加速向第二、第三产业转移，农业人口和农业劳动力的比重会大幅下降，农庄经营模式就恰恰适应了这种人口分化的需求。

三是农庄发展环境日益完善。国家和地方各级政府对"三农"问题高度重视，尤其是进入脱贫攻坚期，党中央、国务院对脱贫工作的战略规划，农庄建设发展的环境将会得到空前的改善。如对贫困村农庄经营的融资政策、富农强农惠农政策、安全保护政策以及基础设施建设投资政策等，都将为农庄建设提供有利的环境条件。

四是农庄组织管理进一步规范。目前，我国对农庄的重视程度还不够，农庄是一种松散式管理。随着农庄的不断发展壮大，其组织管理将会走向规范化，如完善组织形式、财务制度和建立相应的协会等。

五是农庄生产经营更加专业化、市场化。农庄将实现从粗放式经营向集约化经营的转化，内部结构日趋合理，先进的设备、工艺、技术将会在农庄得到最好的利用，使生产更加专业化、市场化。同时，农庄之间的分工与协作也更加社会化，这就更易于发挥当地资金、人力优势，形成不同的产品竞争优势和特色，从而推动我国农村经济向更高更深层次的发展。

（3）农庄建设为提高农民生活质量提供保障。当前，国家推进的城乡融合策略、新型城镇化策略为缩小城乡居民生活差距提供了契机。农村向农庄演化过程中，农庄的社区功能凸显，农民的居住空间与生产空间相对分离，这有利于生活功能和生产功能相关的基础设施快速完善。社区教育、养老、医疗等服务机构集约化高效利用，保障农民生活质量明显提高。

2. 贫困村建设农庄的政策优势

笔者认为，贫困村农庄建设，是贫困村脱贫致富和长远发展的不二选择。国家脱贫攻坚期的政策，已为贫困村建设农庄提供了先天的优势条件。

（1）人才培养有了途径。针对农村人才素质较低、经营管理水平不高的问题，国家设计实施了专门的"雨露计划""贫困村创业致富带头人培训工程"等，对"两后生"人群、贫困村的创业致富带头人进行有针对性的培养，目的是让贫困家庭有劳动能力的人群有技能，想创业，会创业，能创业。

（2）建设融资有了渠道。针对融资渠道有限的问题，党中央、国务院高度重视，2015年，国务院扶贫办已与国家开发银行、农业发展银行签订近4万亿的金融扶贫支持协议；2014年12月，国务院扶贫办联合财政部、中国人民银行、中国银监会、中国保监会印发了《关于创新发展扶贫小额信贷的指导意见》，对符合贷款条件的建档立卡贫困户提供5万元以下，3年期内免抵押、免担保、基准利率、财政贴息的扶贫小额信贷产品和服务，贫困村建设农庄的融资渠道已基本形成。

（3）社会环境有了改善。国家自2014年开始，将每年的10月17日定为中国"扶贫日"，其目的就是要号召动员全社会参与国家的扶贫工作，形成扶贫开发强大合力。2014年的首个"扶贫日"，习近平总书记作出重要批示："全党全社会要继续共同努力，形成扶贫开发工作强大合力。"在"2015减贫与发展高层论坛"会议上，国家主席习近平发表题为《携手消除贫困　促进共同发展》的主题演讲，用自己对中国减贫事业的切身体会，表达了对贫困人群的殷殷关怀。民营企业参与扶贫、全社会参与扶贫的大环境得到改善。

（4）居住空间有了保障。围绕脱贫攻坚，国务院各部委和地方各级政府在村级道路畅通、饮水安全、电力保障、危房改造、乡村旅游扶贫、教育扶贫、卫生扶贫、文化建设、贫困村信息化等九大领域都制定了相应的规划意见，依据建设农庄的基本要求，相关的基础设施建设正在全面推进和完善。

3. 农庄建设为贫困村脱贫致富奠定了基础

长期以来，我国由于人多地少，可供耕种的土地更少，中国农业一直是"小规模农业"，由于"小"，所以中国农民的"兼业小农"身份成为主要传统特征，贫困村更是如此。经历了 30 多年的家庭联产承包责任制后，由于人口增长、土地产权和社会保障等制度因素，农业产业的"碎片化"、农民"离乡离土不弃地"、乡村"空心化"等现象普遍存在。"碎片化"的小农，再加上投机资本的兴风作浪，部分农产品价格"过山车"式的剧烈波动，农业产业健康发展、农民收入稳定增长、农村社会发展乃至国民经济稳定运行受到较大的负面影响。而贫困村通过建设农庄这种新型的基本组织单元，可以较好地改变这种"碎片化"的小农生产模式，并大大改善村民人居环境。

相比而言，农庄经营规模较大，土地集中，规模化生产，这些都有利于发挥规模效益，降低生产成本。为提高产品市场竞争力，农庄有能力走特色化、专业化、标准化的经营道路。因此，农庄模式将会推动农业生产、运输、储存、销售、加工等各方面的技术和设备不断更新，提高机械化、新品种、新技术等使用率，从而提高农业生产率，加快贫困村脱贫的速度。

同时，农庄也有利于使农业产业从纯农产品生产领域延伸到加工、服务等第二、第三产业领域，拓展农业增值空间和农业产业链，增加就业岗位，为有劳动能力的贫困群众提供就业机会。农庄经营还有利于推进贫困农民从"兼业小农"向职业农民，再向专业农民方向转变。而且，农庄的规模化将有力地促进贫困农村公共设施建设从"难以作为"转向"大有可为"，社区生活功能逐步健全。

总之，贫困村建设农庄，更有利于为贫困农村脱贫致富奠定坚实的基础。

（三）农庄建设构想与路径选择

1. 农庄建设构想

笔者所提出的农庄，是集生产、加工、观光、休闲、养老、居住等综合性功能为一体的组织单元，是一种新型的农村形态。农庄建设，要结合各地的农业生产、农产品加工、农耕文化、区域自然风貌、民俗风情规划设计，讲求鲜活生动的特色主题，保持"原汁原味"，避免"视角污染"。

农庄布局，包括生产区和居住区。居住区位于农庄的适中位置，分类建设行政（包括党的组织机构）、饮食、购物、医疗、教育、养老、休闲、娱乐场所，基本达到城镇社区生活水平。生产区，结合当地自然禀赋、人文条件，设计不同的建设模式，还地于大自然，建立生态农业，或是观光农业，或是创意农业工园等等，还农业以本来面目。

总之，我们所构想的农庄，既要有社区功能，也要有生产功能。农庄的开发建设要保持其风貌的原始性，保持当地的生态平衡，保证生态系统的良性循环。

千县万乡百万农庄计划，就是基于对农庄的这个基本构想而实施的建设行动。农庄建设，不仅是贫困村早日摆脱贫困的捷径，更是我国农村未来发展的方向。据国家统计局统计，截至 2014 年底，全国仍有 14 个连片特困区，832 个贫困县片区县，这些贫困县到 2020 年要"摘帽"，因地制宜建设不同主题的农庄是不二选择。按照以现有行政村为中心，各自然村、村民小组科学合理布局的规划原则，实行百万农庄建设，不仅是正确的，也是可行的。

2. 农庄建设路径

具体到贫困村农庄建设的路径选择，笔者认为，在选拔培养出贫困村脱贫致富带头人的前提下，根据具体情况采取如下两条路径：一条是农庄与帮扶企业结对；一条是农庄自己经营发展。

（1）农庄与帮扶企业结对

农庄与帮扶企业结对，即帮扶企业与农庄合作经营，双方共同投资、共同经营管理。这样做的好处有很多：一是大大降低农庄的经营风险，这个自不必详述；二是保障扶贫小额信贷资金的安全，因为农庄的投资资金主要来自扶贫小额信贷，贷款期满，由企业负责股本的正常退出；三是有效带动更多贫困人群脱贫致富，农庄充分聚合发挥贫困群体的"帽子"价值，通过帮扶企业，使贫困农民变股东，贫困群体身份得到转换，定期获得股份分红和资产性收益，还可有工资收入，从而带动更多的贫困群体脱贫致富。

同时，农庄也是合作企业后方生产基地，能大大降低企业对生产原材料的选择成本、时间成本，企业也将受益。《中共中央、国务院关于打赢脱贫攻坚战的决定》已经明确，要"完善扶贫龙头企业认定制度，增强企业辐射带动贫困户增收的能力"，帮扶企业与农庄合作，可谓名利双收。这样一来，企业将会得到发展壮大，也必然会在更大范围内与更多的农庄合作，带动更多的贫困农户脱贫致富，实现良性互动。在笔者看来，这条道路可概括为一句话，即助推企业、带动农户、义利兼顾、贫富互助。

（2）农庄自己经营发展

农庄自己经营发展，即农庄独立建设发展，围绕项目资金、技术、场地、市场营销等独立经营。需要注意的是，我国现有的农庄规模小，一般只有几公顷到十几公顷土地，劳动生产率低，农产品产值不高，品质差，农产品生产的数量与质量制约了其发展。同时缺乏长期规划，发展后劲不足。有些项目虽然在短时间内初见成效，但由于没有中长期发展项目，还形不成产业支柱，存在着发展后劲不足、扩张困难、资本回报率低的问题。因此，农庄自己经营发展，必须搞好设计，加强经营的质量管理和成本核算、成本控制，增强农庄建设发展的可持续性。

（四）农庄案例和补充拓展阅读

1. 台湾地区生态农庄

台湾地区的生态农庄，科学规划设计，布局合理，依托资源、差异发展，与时俱进、不断创新，产研结合、周到服务，政府扶持、民间拉动，网络营销、宣传推介，示范带动、强农富民，回报社会、合作共赢，具有很多方面的独到之处。

（1）注重生态，着眼长远。台湾地区的生态农庄，建设的最初目的，是在乡村营造一个能够亲近自然、亲近田野，远离俗世烦扰、远离现代都市生活的宁静港湾。因此，他们在农庄建设过程中，不是将经济效益放在第一位，而是将环境的保护与改善、生态功能的恢复放在第一位。他们常常花费数年工夫，把很多钱投资到改善环境上。在种植或养殖生产过程中，他们基本不施化肥，不打农药，有的甚至农家肥也不使用。提高产量的主要措施，就是靠逐年恢复、改善、培肥地力。其目的一是确保所处生态环境不受外来化学污染，二是确保自己的产品质量原汁原味，营养、安全、健康。这种农庄经营模式，与内地很多急功近利的投资者的心态相比，有着很大不同，因此他们的经营理念，也常常不被内地人所理解。但从长远看，这种生态农庄极具生命力。因为随着经济的发展，人类对自然的影响几乎触及地球的各个角落，就是在一些偏远山区也不例外。当越来越多的环境被污染、生态被破坏，当人们很难再找到不被污染、不被破坏的生态居住环境后，这种苦心经营的生态农庄就会显得弥足珍贵，越来越多的人就会对其感到向往，进而前去游玩、观赏、放松、体验。因此，台湾的很多生态农庄，建园的初衷虽然是为了"悦己"，不是为了赚钱，但经过多年经营后，不少最终成了"悦人"的场所，获得了丰厚的回报。

（2）融入自我，特色鲜明。由于建设的初衷是营造自己理想中的环境与生活，因此台湾地区的生态农庄，很多在建设与经营过程中，都明显融入了自我的思想、创意与追求，具有鲜明的个性特征，给人以深刻的印象。例如，位于台湾地区宜兰大同乡的不老部落庄园，这个庄园由重回故土的 7 户泰雅族原住民创建。该农庄的最大特色就是师法自然、回归自然。庄园的房屋都是用木头、茅草等自然材料搭建，与当地环境和谐地融为一体。住在庄园的人们坚持沿袭人与自然的古老法则耕种、纺织、狩猎，依自然农法种植作物、照顾动物，依从大自然的秩序自给自足。庄园提供的食材，都是完全不施化肥、不喷农药的有机食材，很多采摘后不用清洗就可直接食用，非常新鲜、地道，但每一道菜肴的制作却独具匠心，极为精致、时尚，富有特色。经过多年经营，目前不老部落是台湾原住民对外观光发展中最受好评的部落之一，吸引了世界上众多游客的关注。但为了保护庄园的生态环境，不老部落严格控制每天观光人员数量。游客们在庄园中虽然只能停留短短数小时，却可尽情地品米酒、啖美食、欢歌笑语，享受大自然，完全抛弃俗世的烦恼，进入"不老"的境界。再如，薰衣草森林庄园，它是台湾地区的两位厌倦了城市生活的女生，用爱打造的梦幻庄园。她们选择在环境优雅、远离城市喧嚣的地方，凭借自己的双手开辟出一片庄园，种上花色艳丽、香气扑鼻的薰衣草，自己动手提取各种香精，制作各种精油香皂。其鲜明的特色，不仅引来众多游人参观，其产品也受到众人"热捧"。因为生意红火，该庄园在台湾地区的乡间开设了多家分店。位于桃园观音乡的青林农场，种有来自世界各地的数十种向日葵，除免费观赏外，游客在这里还可品尝到农庄特别开发的向日葵花茶以及向日葵蒸饭、葵花油鸡、葵花卤蹄膀等向日葵大餐；再有，波的农场，则专门种植猪笼草、捕蝇草、毛毯苔、瓶子草等食虫植物，数量达两万余盆，游客在农庄解说员的引导下，可以亲眼观看到食虫植物的秘密；宾朗蝴蝶兰观光农园，主要种植从各地收集到的蝴蝶兰，在这里游客可以看到高雅美丽的蝴蝶兰从组培幼苗直到开花全过程；花开了休闲农庄，则专门种植珍贵的树木与奇花异草，环境清新优雅，让人流连忘返。

（3）因地制宜，不断创新。台湾地区的生态农庄，在建设过程中汲取了老子的不少思想，特别注意发现、挖掘当地特色资源和本土历史文化，讲究因地制宜，顺其自然，师法自然，道法自然，而不是墨守成规，复制照搬，更不是依靠人力或者机械的力量去改造自然。台湾地区的生态农庄在建设上尽量做到就地取材，科学利用，点石成金，用最小的代价发掘、彰显出当地的个性与特色。充分发挥大脑的思维与想象力，注重创意与创新，也是台湾生态农庄一大特色。

（4）做精做透，以质取胜。台湾地区的生态农庄，多以"小而精"取胜。他们不刻意追求农庄的面积、规模，不一定非要种植多少作物，获得多高产量，产品有多大的批量，但非常注重精细管理，精深加工，融入创意，提升品质。有的产品甚至限量供应，量少质精，坚持以质取胜，以特色取胜。例如，种植茶叶的农庄，有的只采一道春茶，然后将其精心加工、制作、包装，使其成为茶叶中的"极品"。其他时间则搞好茶园管理，让茶树健康生长，养精蓄锐，确保春茶品质上乘。有的农庄则利用溪流养殖虹鳟、银鳟或其他观赏鱼类，游客可以在农场购买饲料喂食、嬉戏、体验、观赏，鱼却并不对外出售。如此做法，反倒吊足了游客的胃口，吸引了众多游客慕名而来，不仅保持了产品持久旺盛的生命力，也最大限度地降低了资源消耗，保证了良好效益。他们的这种做法，非常符合台湾山多，地少，面积小，不适合大规模、机械化耕种这一实情。反观内地的农业产业，无论是山区还是平原，总是想把面积、产量、产值作为重要的考核指标，总想"做大做强"，以规模论"英雄"，却忽视了实际效益；总想在单位面积上创造出更高的产量，却忽视了土壤也需要"休养生息"；总想售出更多的产品，却忽视了对资源的过度消耗和对环境的压力。实际上，这些做法，对山区而言，既缺乏竞争优势，也不利于持续发展。而台湾地区的生态农庄，通过深挖特色，扬长避短，有效地避开竞争；通过做精做透，提质增效，实现资源节约、持续发展。此种农庄方式，是值得情况类似的山区参考、借鉴的。

（5）注重口碑，就地销售。由于规模不大，所以台湾地区的生态农庄，非常注重产品的"口碑"而不是"品牌"。他们认为，"口碑"比"品牌"更重要，因此，他们宁可将更多的精力，放在保证产品质量上，放在让顾客满意上。为保证产品安全营养，他们严格控制化肥、农药、除草剂的使用，宁可增加投入、牺牲产量，也要保证产品质量；为了让游客品尝到口感最佳的产品，台湾地区很多生态农庄免费对游客开放，吸引游客自己到农庄购买最新鲜、成熟度最适宜的农产品。台湾地区的生态农庄大多建在偏远的郊区，吸引游客自己到农庄购买产品，实现产品就地销售，不仅有利于保证产品的质量，还有一大好处就是农庄可以免掉一大笔销售费用。比如，农庄生产的土鸡蛋，如果游客自己去购买，既可保证鸡蛋的真实性与新鲜程度，又可省掉将鸡蛋拉到市场销售的运输、破损、营销等费用。如果将鸡蛋贴上标签或标明品牌外销，贮藏时间过长或保管方法不当，就有可能变质。如果产品几经转手，最终的消费者就会认为，该农庄的产品质量没有保证。金杯、银杯不如百姓的"口碑"，"品牌"做不好，会毁掉多年积累起来的"口碑"。而现在内地的许多企业，宁可花费巨资做广告、争虚名，打造品牌、树立形象，却不肯在产品质量上多下真功夫；总想把产品销得很远，最好出口到国外，却忽视了本土市场的开拓，实在是舍本逐末，舍近求远。

（6）强调参与，寓教于乐。台湾地区的生态农庄，不仅设法吸引游客前往观赏、购买产品，享受服务，更注重游客的参与和互动。很多农庄都设有采果区、烤肉区、游戏区、垂钓区、农耕体验区、手工制作区等，游客在农庄服务人员的指导下，可以自己动手享受耕种、管理、采摘、喂养、加工的乐趣，品尝到亲手烤制的地瓜、土鸡等，或者利用农庄提供的材料，自己加工制作各种特色产品。有的农庄还经常举办与农业有关的知识讲座、趣味比赛，许多学校将这些农庄作为户外教学场所，还有不少家庭周末专门到农庄度假。人们在这里不仅可以避开城市的喧嚣，充分地放松身心、亲近自然，尽情地游玩、休闲、娱乐，还可学到不少在城市里和课堂上学不到的知识，因而很受欢迎。

2. 补充拓展阅读材料

中国农业竞争力落后：每 7 斤粮食有 1 斤系进口

一边是"十二连丰"下的"国产粮满仓"，一边是再破亿吨的低价进口粮，国内外价格倒挂凸显中国农业竞争力落后的境况，更绷紧粮食政策调整的神经。统计数据显示，2015 年前 11 个月进口粮食为 1.13 亿吨，与 2014 年同期相比增加 27.3%，是有史以来第二次过亿；另外，2015 年全国粮食总产量为 6.21 亿吨，比 2014 年增长 2.4%。

"'十三五'规划建议中提出新的政策，如实行轮作休耕试点、实行'藏粮于地、藏粮于技'战略等，这实际上发出了一定程度上适当调整近期粮食产量的信号。"中央农村工作领导小组副组长、办公室主任陈锡文说。

艾格农业分析师马文峰认为："调减产量可以，但不可以减少耕地面积，并应由农民自己主导选择是否退出粮食种植。"他说："农民种粮收益少了自然会少种植，但不能以让农民利益受损为代价推进粮食调减。"

按照进口粮占比计算，当前国内每 7 斤粮食里即有 1 斤来自国外。而这些进口粮除了七成以上是大豆以外，以大麦、高粱、DDGS（干酒糟及其可溶物）、木薯等玉米替代品为主，凶猛的进口货冲击着国产玉米生产销售。

"廉价进口替代品直接冲击了国库销售。""当前国储玉米定向企业销售价格为每吨 1400 元，合计每斤 0.7 元，而当初都是 1 元左右收进，相当于每吨玉米除了亏损仓储费外，至少还要亏掉近 500 元。"

国库里面的出不去，国库外面的进不来，高企粮食库存加剧了中国收粮之难。仓容有多紧张？国家粮食局曾用两个前所未有来形容："目前，我国粮食库存达到新高，各类粮油仓储企业储存的粮食数量之大前所未有，储存在露天和简易存储设施中的国家政策性粮食数量之多也前所未有。"

陈锡文指出，进口大麦、高粱、DDGS、木薯等以替代玉米，使得国内玉米的销售受到冲击，出现滞销积压，这是中国粮食市场当前面临的突出问题。因此，对中国政府和农民而言，需要考虑的问题是采取何种措施调节国内的粮食价格，以抑制玉米替代品进口的任意增长。

在国家粮食产量"十二连增"的格局下，虽然有声音认为可以考虑适度调减粮食产量，但调整粮食生产结构却十分迫切，粮食生产要适应新常态，粮食改革要由需求侧向供给侧转型。在粮食供给侧比较宽松的情况下，调整种植结构时，要向粮食供求平衡态过渡，既不能过度调减，又要把握力度和节奏，挖掘粮食生产新潜力。其重点是推动粮食生产由数量增长为主转到数量、质量、效益并重上来，由依靠资源和物质投入真正转到依靠科技进步和提高劳动者素质上来。

由于经历过前两次粮食产量下降带来的"巨大波动"，粮食调减是一个极为严肃的话题。第一次粮食巨幅波动发生在 20 世纪 80 年代，粮食产量连续四年下降，直到 1989 年粮食产量才恢复到 1984 年前的水平。第二次是从 1999 年开始，粮食产量出现下降，一直降到 2003 年的 4.3 亿吨。然后在一系列政策刺激下，粮食产量从 2004 年开始回升，直到 2008年才超过 1998 年。

"粮食产量的'一个下坡、一个上坡'，恢复之路一共走了十年。"陈锡文指出，"从历史经验来看，中国政府调整粮食政策要特别谨慎，粮食的价格形成机制、对农民的补贴政策和粮食的收储政策改革要充分考虑农民利益，避免再次出现粮食产量的大幅度下降。"

而现在，第三次粮食调减改革已露出端倪。"实际上对粮食产能的考虑已经进行了很长一段时间，2014 年在讨论 2015 年一号文件时，已有讨论。"一位农业部人士认为，粮食"种植面积可以调减，但产能仍需通过技术提升、地力修复来得到保障"。

以上补充拓展阅读材料来源于《每日经济新闻》，可以在规划设计贫困村农庄建设时作为参考要素。

二、小康学院孵化人才计划

贫困村在脱贫致富奔小康的进程中，非常需要一批既能自己带头致富，又能带领村民致富，有发展经济能力和服务村民责任担当的"领头雁"，这种人才的培养是全面打赢脱贫攻坚战的重要举措。小康学院孵化人才计划，即是这一重要举措的战略设计。下面分别从基本定位、作用价值和模式特征三个方面来详细阐述。

（一）小康学院孵化人才计划的基本定位

习近平总书记 2014 年曾指出，一个贫困地区发展要靠内生动力，必须有产业，有劳动力，内外结合才能发展。我们上文讲到，农庄是贫困村未来发展的基本组织单元，也是一种产业业态，有了产业，就需要有劳动力，就需要有能带领贫困群众脱贫致富的带头人。历史经验告诉我们，要想持续全面打赢脱贫攻坚战，最核心的任务是培养贫困村脱贫致富带头人。

小康学院孵化人才计划，就是以培养贫困村脱贫致富带头人这一核心任务为主导，通过政府主导，社会扶贫社团组织、金融系统结合组织实施，为扶贫攻坚提供人才保障。

1. 培养对象

小康学院的培养对象，聚焦贫困村脱贫致富带头人，努力将他们培养成合格的农场主、农庄主和"卖货郎"。贫困村的脱贫致富带头人包括两类：一类是村党支部委员会和村民自治委员会（以下简称"两委"）成员，一类是有责任有担当有带动能力的致富能人，比如专业合作社理事长。

在东部地区，几乎村"两委"成员的后备人选都是创业成功的企业家，许多村的"两委"成员是先当企业家，再当村干部。西部贫困村的村干部则几乎都不是创业成功的企业家，村集体经济几乎为零，再加上村干部自己思想不解放，观念滞后，致使贫困村长期缺乏懂经济、会管理的带头人，难以形成一个推动经济发展的好团队。农村，包括以后建设的农庄，虽是村民自治组织的性质，但确是国家大厦的基石。小康学院孵化人才计划，首先就是要培养贫困村的村"两委"成员。只有村"两委"成员有活力、有能力、有干劲，才能推动村集体经济发展，带领贫困村脱贫致富奔小康。因此，必须通过小康学院这种新型的培训体系，加速培养孵化致富带头人，推动小康社会的建设与发展。

小康学院的建设目标，就是要全面增强贫困村脱贫致富带头人的社会责任感、使命感，提升其产业发展能力、业务开拓能力、辐射带动能力，成为孵化培养扶贫领域"最后一公里"主力军的"黄埔军校"。

2. 培养方式

小康学院孵化人才计划以省为单位，小康学院主办单位联合所在省扶贫办和当地院校（优先对接当地农职院校），搭建小康学院地方分院。参训学员要严格按照培养对象推荐遴选流程来组织实施，以保证培训的精准性。

（1）参训学员遴选流程

贫困村脱贫致富带头人主要由帮扶企业推荐，帮扶企业则由各地扶贫办联合当地农委、农业厅（局）、组织部共同推荐。需要注意的是，参训学员的遴选是否精准，很大程度取决于帮扶企业是否有责任心，取决于遴选是不是科学合理。因此，各地的帮扶企业在小康学院培训之前就应加强组织管理，为参训学员选拔奠定基础。

（2）贫困村脱贫致富带头人的培养方式

培养贫困村脱贫致富带头人，小康学院将课堂教学和返乡发展有机结合，两者同等重视，并行推进。

一方面针对有意向成为农庄主、农场主的学员进行培训，根据具体人数、距离、结构等因素科学安排培训期限，培训内容分理论学习、驻企实训和创业规划三大板块。

理论学习，即在小康学院进行理论学习和参观考察，在开阔眼界的同时，通过与帮扶企业沟通交流，理出创业设想，激发创业热情；驻企实训，即让学员入驻有结对帮扶意向的企业参加实训，全面系统地了解企业的运营管理全程，并结合自身实际明确创业项目；创业规划，即学员再次到小康学院集中，学习交流在实训中遇到的问题，在培训老师和帮扶企业的指导下撰写"农庄发展计划书"，并对"农庄发展计划书"做评估论证。集中培训结业后，学员还可登录小康学院网上系统，定期持续接受远程教育培训。

返乡发展，学员完成集中面授培训后，返乡进入创办农庄阶段。这一阶段学员的发展路径有两条，一条是学员与帮扶企业分工合作，一条是独立经营发展。这些内容在千县万乡百万农庄计划中已有详细阐述，此处不再赘述。

持续督导与考核，学员每个月要定期通过小康学院微信平台，将农庄进展情况及时上报，以备掌握；学员在返乡发展一定时期，要针对创业项目作一次中期小结汇报，再选时期做年终总结汇报；小康学院根据各地农庄发展实际，适时对表现优秀的学员给予表彰。

另一方面针对有意向成为"卖货郎"的学员进行培训，除传授上述所有培养内容外，专业课还将重点讲授电子商务知识，具体培养方式在下文系统阐述。

（二）小康学院孵化人才计划的作用和价值

在今天这个新的历史节点，"十三五"规划的开局之年，脱贫攻坚战的开局之年，小康学院孵化人才计划就是历史的召唤，具有现实和未来的深远意义。

1. 小康学院建设的历史召唤

笔者曾创设过"中国村官课堂（中国人民大学村官研究生课程高级研修班）"，全程参与设计过"国务院扶贫办贫困村创业致富带头人培训工程"和"国务院扶贫办扶贫创业志愿者（导师）培训班"，也曾到多地考察调研培训学员返乡后发展的创业实践。总体来看，参训学员多是有想法没办法，很多配套条件也没能有序衔接。虽然国家的顶层设计是全产业链的闭环设计，但在基层实践中仍有断链、有缺失，参训学员返乡发展仍会遇到这样那样的问题。更好地解决这些问题，正是对小康学院建设的历史召唤。小康学院，将紧紧围绕这些问题来设计，各主办、承办单位正是解决这些问题的对应部门，能够极有针对性地解决发展问题，挖掘发展潜力。

当前需解决的主要问题有：

（1）资金、技术、土地等支持性物化因素保障不足。资金、技术、土地等物化资本是制约贫困村脱贫致富带头人成长的主要因素。建设农庄，推动农庄产业化经营，不仅是贫困村脱贫致富的标志，也是致富带头人带领贫困家庭脱贫致富的保证。而要推动产业化经营，土地、技术等生产要素是关键，这些要素都需要资金的支持。我们曾经对 213 名贫困村脱贫致富带头人进行问卷调查，当问及"您个人或团体在创业过程中遇到的最大问题是什么"时，被选频次位列前 5 位的依次是：资金不足（58.9%）；人脉资源缺乏（27.8%）；政策扶持不到位（26.9%）；专业技能欠缺（26.3%）；创业所需的土地、用房缺乏（22.8%）。由此可见，资金、技术、土地等物化因素是制约贫困村脱贫致富带头人发展的重要因素。

特别需要注意的是，资金短缺已成为横亘在贫困村脱贫致富带头人面前最大的"拦路虎"。据"国务院扶贫办贫困村创业致富带头人培训工程第三期培训班工作小结"显示，培训学员创业贷款难问题凸显。落实千县万乡百万农庄计划，最关键的问题是能否有效获得政策金融支持。贫困村脱贫致富带头人往往没有办法提供银行贷款所必需的抵押物，所以贷不到款。上文曾经提到，2014 年，国务院扶贫办下发文件，确定发展扶贫小额信贷，对建档立卡贫困户发展产业实施特惠金融政策，提供户均金额 5 万元以下、期限 3 年以内无担保、无抵押信用贷款，金融机构按国家基准利率放贷，中央和省级财政扶贫资金贴息，县级建立风险补偿基金和扶贫小额信贷保险。但在实际操作实施中，缺乏链接的润滑剂，需要培训机构的参与。

（2）人脉资源、信息通道等支持性环境因素共享不足。在被调查的 213 名贫困村脱贫致富带头人中，认为"人脉资源缺乏"是其创业发展遇到的重要影响因素的占到 27.8%，仅次于"资金不足"排在第二位。

现代社会是一个信息共享、合作共赢的社会，人脉资源尤其是有合作帮扶关系的民营企业，对于贫困村脱贫致富带头人而言意义更大。由于长期生活在农村，这些贫困村致富带头人的人脉资源、信息资源相对缺乏，而这些资源又恰好是他们作出扩大农庄规模和投资权重等重大决策的重要参考要素。这就需要有一个培训平台结对孵化。

（3）受教育程度、职业技能、管理能力等内在因素供给不足。今天的贫困村脱贫致富带头人，仅仅具有组织简单的"脸朝黄土背朝天"的农业生产能力已远远不够，更重要的是必须要拥有农业职业技能和现代管理能力，具备相对较高的文化素质和较丰富的生产经营技能，以利于他们通过对现有生产要素和生产经营形式及时调整，从而获得更多发展机会。资料显示，城乡二元结构决定了城乡巨大的教育差距，农村基础教育投入不足和不平衡，以及以农民工及其随迁子女为主体的流动人口教育的边缘化，导致贫困村脱贫致富带头人的受教育程度普遍不高，大多只有初中或高中学历，接受过高等教育（大学专科、本科及以上）的凤毛麟角。文化程度低，职业技能缺乏，管理能力弱，必然削减脱贫致富的带动能力。通过一些个案交流也可以发现，大多贫困村脱贫致富带头人深感自身知识匮乏，由于个人综合素质较低，在贫困村脱贫致富发展中交了不少"学费"，走了很多弯路。这一切，决定了小康学院培养孵化贫困村脱贫致富带头人的真实空间。

2. 小康学院的现实与长远价值

小康学院的创建，从当前看，是有效解决贫困村脱贫致富智力短缺的有效载体，从长远看，更有助于调整农村的人才结构，有利于巩固和扩大党在农村的执政基础，具有现实和长远的双重价值。

（1）小康学院是培养孵化贫困村脱贫致富奔小康的摇篮。进入"十三五"时期，国家脱贫攻坚步伐明显加快，对贫困村脱贫致富带头人的能力需求空前紧迫。贫困村的脱贫致富带头人作为这场脱贫攻坚战的主力战手，是激活贫困村内生动力的"领头雁"。小康学院的创设，紧紧围绕贫困村脱贫致富带头人的发展需求，为其量身定制集中培训课程，返乡发展后，又为其搭设营造致富发展环境，以充分释放扶贫政策的作用和价值，成为贫困村脱贫致富奔小康的摇篮。

（2）小康学院是服务于打赢脱贫攻坚战的重要抓手。《中共中央、国务院关于打赢脱贫攻坚战的决定》明确提出："加大职业技能提升计划和贫困户教育培训工程实施力度，引导企业扶贫与职业教育相结合，鼓励职业院校和技工学校招收贫困家庭子女，确保贫困家庭劳动力至少掌握一门致富技能，实现靠技能脱贫。"贫困村脱贫，从外部条件看，就是要切实增加投入，在"多予"上下工夫；从内部情况看，关键就在于坚持"以人为本"，注重贫困村人力资源开发，培养孵化一批知识技能结构合理、素质优良的贫困村脱贫致富带头人队伍。贫困村脱贫致富带头人作为贫困村最具活力、最有激情、最充满希望的群体，他们的培养事关国家打赢脱贫攻坚战的大局。小康学院的建设，正是适应了这种培训需要，将作为政府的有力抓手，努力将贫困村脱贫致富带头人培养成有文化、懂技术、善经营、会管理的杰出带头人，为带领贫困群众脱贫致富奔小康作出应有贡献。

（3）小康学院是巩固和扩大党的执政基础的有效路径。现在的贫困村，有劳动能力的年轻人大多外出务工，留在村里的以妇女、儿童、老年人和残疾人居多，再加上我国工业化以来"重城轻乡、重工轻农"二元社会结构思想的影响，留守在贫困村的青壮年往往被贴上"失败者"的标签，而脱贫致富也是这些留守在贫困村的劳动力最具体、最现实、最迫切的需求。建立小康学院，就是针对贫困村青壮年普遍不甘于现状、渴望致富的诉求，搭建服务创业的培训平台，大力扶持和培育其就业创业技能，使其成为贫困村脱贫致富的带头人，实现人生价值。小康学院通过培养贫困村脱贫致富带头人，固化贫困村青壮年扎根贫困村，以发展贫困村的地缘优势，这对巩固和扩大党在贫困村的执政基础意义重大。

（三）小康学院的模式与特征

小康学院由政府主导，社会扶贫社团组织和金融系统结合组织实施。具体设想是，由国务院扶贫办宏观指导，中国扶贫志愿服务促进会、国家开发银行、农业发展银行联合主办，各地方扶贫办和地方院校共同承办。

1. 小康学院的模式构建

小康学院按照"总院＋分院"的模式构建体系（见小康学院体系框架图）。总院设在北京，直接受国务院扶贫办宏观指导。分院，按照各省、区、市贫困地区分布和培训需求设立。总院和分院原则上不存在隶属关系，只存在教学指导关系。总院可根据情况适时调节教学资源，为推动教学培训发展提供服务，分院依托各地高校设立，并由该校的教学机构组织实施教学。

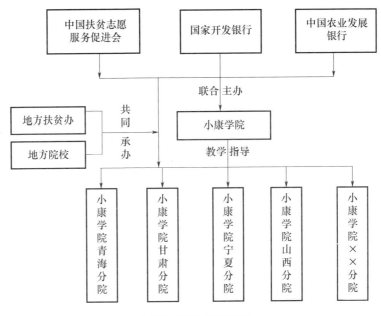

小康学院体系框架图

小康学院的教学设计，紧密结合参训学员的发展诉求，开设线上、线下，"本土化""接地气"的教学内容，通过"面授＋网络＋手机"三位一体教学形式，让学员随时、随地、随身学习，同时为学员提供一个"多元化、专属化、常态化交流发展"的互动平台。

2. 小康学院的基本特征

一是组织架构的权威性。小康学院设立的初衷，就是要紧密结合参训学员的发展诉求，联合各生产要素分管部门、机构共同参与培训，以便为其培训和发展保驾护航。培训的学员是贫困村的脱贫致富带头人，是建设农庄的主力军，这本身就需要政府、金融部门、社会群体组织以及院校等方方面面的帮助。所以，小康学院由国务院扶贫办实施宏观指导，中国扶贫志愿服务促进会、国家开发银行、中国农业发展银行做主办单位，各地方扶贫办、地方院校做承办单位，以确保应有的权威性。

二是课程设计的实操性。小康学院的课程分公共课和专业课两类。公共课以讲授国家脱贫攻坚大政方针为主，专业课则充分体现学员发展诉求的具体要素，注重实操性。

三是教学实践的灵活性。参训期间，线下可在校园举办诸如"项目交流对接展洽会""创业规划设计大赛"等活动，线上可通过微信群、QQ 群，或在"田盒子""扶贫 1 号店"等信息服务平台上传递地方特色优质农副产品，学习参与电商销售，保证线上、线下教学实践的灵活性。

四是产业对接的精准性。小康学院坚持课堂教学与发展实践并重，更加注重发展实践的原则，紧密结合参训学员的农庄发展规划，在种植业、养殖业等领域与结对帮扶的龙头企业精准对接。

三、万亿政策金融红利计划

笔者曾在多地讲授过产业扶贫的方程式，即 f（产业扶贫）＝ a

（项目）＋ b（人才）＋ c（资金）＋ d（市场）。个人认为，这是一个适用的扶贫方程式。产业扶贫，是脱贫攻坚战的主导措施，在其诸多的要素中，核心要素是资金要素。万亿政策金融红利计划，就是利用国家扶贫的金融支持政策，通过设计解决资金要素瓶颈，达到推动脱贫攻坚奔小康的实现。这一计划的实质是设计一个 PPP 模式（Public‐Private‐Partnership 的缩写），即政府与社会资本合作的模式，借助政府财政资金政策的红利杠杆作用，撬动更多的社会资本参与扶贫。《中共中央、国务院关于打赢脱贫攻坚战的决定》指出："发挥政府投入在扶贫开发中的主体和主导作用，积极开辟扶贫开发新的资金渠道，确保政府扶贫投入力度与脱贫攻坚任务相适应。"可以肯定的是，未来 5 年，政府在扶贫领域将释放巨大的金融政策红利，这亦将成为社会资本发展的蓝海。这正是万亿政策金融红利计划设计的政策依据。

（一）万亿政策金融红利计划的设计原则

要真正发挥政策金融在扶持特困地区经济发展中的作用，就必须吸取、借鉴过去金融扶贫的经验教训，进行科学合理的计划设计，以趋利避害，避免重走老路。

1. 市场化推进

市场化推进，是指国家财政资金扶贫运用市场化手段。国家财政资金扶贫，以往更多的是采取政策性扶持方式，实行一次性的无偿投入，因为没有成本顾忌，结果导致很多地方造假套取国家扶贫资金。实行市场化推进，就是通过万亿政策金融红利计划的设计和运行，使国家财政资金扶贫能够充分运用市场化机制，采取有偿的资金投入方式，通过市场化的手段使金融机构在提高贫困人口生活水平的同时也追求利润，确保国家财政资金的投入效益。

2. 释放能动性

释放能动性，是指国家财政资金扶贫要有利于调动扶贫对象的主观能动性。扶贫和被扶贫者，是一个双向契合的关系。只有"两头热"，才能取得好的效用。通过万亿政策金融红利计划的设计和运行，达到改变政府"一头热"的扶贫模式，规避贫困户等、靠、要的心理预期，充分发挥扶贫对象的主观能动性，改变贫困户过去被施舍的角色。同时，通过与小康学院的培训孵化人才计划相衔接，不断提高贫困地区自我发展能力，实现稳定的脱贫致富。

3. 坚持精准对接

坚持精准对接，是指国家财政资金扶贫的点对点运行。就是通过万亿政策金融红利计划的设计和运行，改变过去国家财政资金扶贫的漫灌式，提高扶贫的有效性与精准性。在政策金融红利计划的实施中，金融机构通过有效的帮扶对象客户的定位筛选，而后按需给予相应的金融服务。通过"到人到户"的点对点运行方式，节约投入成本，有效做到"扶真贫、真扶贫"。

4. 政府引导发展

政府引导发展，是指国家财政资金扶贫的运行有利于支持贫困地区优势产业与帮扶龙头企业的双向发展。就是通过万亿政策金融红利计划的设计和运行，使得优势产业的融资渠道得以拓宽，通过发挥资金优势及有效的信贷机制，为贫困地区走产业化道路提供强有力支援，使国家财政扶贫资金的投入起到既能帮扶农庄发展，创造更多的就业机会，又能充分挖掘当地特色优势产业发展的作用，达到从根本上扭转贫困面貌的目的。

（二）万亿政策金融红利计划的顶层设计

万亿政策金融红利计划的顶层设计，主要是指对金融投向的消化运用给出宏观指导。通过这一计划的实施，构建脱贫攻坚的金融扶贫体系，充分发挥政策性金融、商业性金融、合作性金融和政府协调的作用。

1. 万亿政策金融规模

从国家层面看，主要包括两个协议项目：一是 2015 年 5 月 16 日国务院扶贫办和国家开发银行签署的《开发性金融扶贫合作协议》，明确向 592 个国家重点贫困县发放 1.7 万亿元扶贫资金贷款；二是 2015 年 9 月 8 日中国农业发展银行与国务院扶贫办签署的《政策性金融扶贫合作协议》，明确累计扶贫信贷投放力争不低于 2 万亿元。这两个协议项目，金融规模达到近 4 万亿元人民币。这 4 万亿元的政策性扶贫资金，将释放巨大红利。

2. 万亿政策金融投向

（1）根据国务院扶贫办的规划和安排，国家开发银行将在四个方面加大扶贫资金支持：

一是特色产业发展，以发展农村特色种植业、养殖业、民族手工业、农产品加工业和旅游业为重点，大力支持龙头企业和农村合作组织。

二是基础设施改善，包括安全饮水工程、农田水利、乡村公路和医疗卫生等小型基础设施建设，贫困村危旧房改造、异地扶贫搬迁等项目，以及贫困地区新型城镇化建设。

三是发展教育，支持贫困"两后生"职业教育及毕业后创业，扩大生源地助学贷款的覆盖面。

四是重大项目建设，主要指符合国家发展规划及产业、环保政策的重点项目建设。

（2）根据国务院扶贫办的规划和安排，中国农业发展银行将主要围绕以下四个方面加大金融扶贫支持：

一是易地扶贫搬迁，为全国建档立卡贫困人口实施易地扶贫搬迁提供政策性信贷支持，包括易地扶贫搬迁安置房建设（或购买）以及与易地扶贫搬迁直接相关的配套基础设施和公共服务设施建设等。

二是光伏扶贫，重点支持具备发展光伏产业良好条件的贫困县利用贫困地区荒山荒坡建设的县级地面光伏电站，以及这些县中具备发展光伏发电条件的村级小型电站建设等。

三是旅游扶贫，重点支持全国 1000 个旅游扶贫景区及其周边的旅游扶贫重点村，带动景区周边贫困村、贫困户脱贫致富。

四是贫困地区基础设施，重点支持贫困地区基础设施建设、环境设施建设、公共服务设施建设、配套便民商业设施建设以及新型城镇化建设等。

3. 万亿政策金融运用

万亿政策金融，是一个巨大的红利池。万亿政策金融红利计划的设计，就是要保证这个巨大的红利池有效发挥作用。一是与小康学院孵化人才计划相配套，搭建产业扶贫信息平台，使贫困村的农庄建设和产业发展需求信息、帮扶企业的优势和意向信息共享，为帮扶企业提供政策金融扶贫链接。二是通过贫困村致富带头人和扶贫企业志愿者培训，实施手牵手的产业扶贫设计，以此达到更精准的资金运用，保证扶贫企业的投资效益，减少国家政策金融的投资风险。三是通过对贫困村致富带头人和扶贫企业志愿者培训的跟进帮扶，适时评估扶贫产业项目的运行，以规避国家扶贫资金被挪用挤占，保证扶贫产业项目的健康发展。

4. 万亿政策金融防范

扶贫资金被人形容为"唐僧肉"，一是因为"好吃"，二是因为监管难。从横向上看，扶贫资金来源过多，多头管理，扶贫资金往往涉及财政、发改委、扶贫办、民委、林业、农业、残联等部门或单位，这些部门互不隶属，信息不通，难以相互监督。从纵向上看，虽然扶贫项目审批权下放到县，由省、市政府部门负责监督。但是中央的一些扶贫资金，都要求地方财政给予一定的配套资金，而地方财政有的根本拿不出钱，专项资金下来后，没有配套资金，为了完成任务，地方政府只能假配套。在这种情况下，往往会出现市、县范围内的上下级同流合污，监管徒有虚名。

从现实来看，最有效的就是审计监督，然而审计监督也有自身的缺陷。审计监督是事后审计，资金使用结果的审计证据容易取得，而有关项目立项、资金分配、执行过程中真实、详细、完整的第一手资料往往较难取得，难以起到事前尽早防范、事中及时纠正的作用。违法成本低，也让很多人铤而走险。

如果说监管难是扶贫资金常被挪用、侵占的制度性原因，那么违法成本低则让很多人肆无忌惮。按照2011年《财政专项扶贫资金管理办法》，国家工作人员虚报、冒领、截留、挤占财政专项扶贫资金由《财政违法行为处罚处分条例》进行处罚。而该条例对此的处罚是，追回有关财政资金，限期退还违法所得，对单位给予警告或者通报批评。对直接负责的主管人员和其他直接责任人员给予记大过处分；情节较重的，给予降级或者撤职处分；情节严重的，给予开除处分。

虽然，上述这些行为构成犯罪的，会依法追究刑事责任。但整体来说，这种处罚强度无法阻止官员打扶贫资金的主意。财政部驻湖北专员办二处处长欧阳卫红曾表示，对于贪污国家扶贫资金的应该送司法部门从重处理，但是实际情况并非如此。一些地方官官相护，处理较轻，有的地方甚至以"下不为例"淡化处理。很多部门甚至将检讨作为一种行政处理，对有些严重违法的人员也没有移送司法机关处理，难以起到应有的警示作用，对个人的经济处罚款也不是很重。

这些缺陷和缘由，是万亿政策金融红利计划设计的规避因素。

（三）万亿政策金融红利计划的政府诉求

万亿政策金融红利计划的实施，需要为金融机构解决信息不对称的问题，这是诉求政府的支持条件。为便于研究，首先作出设定基本符号和假定。①假定贫困户面临着现在和未来的跨时期选择，定义为 $t = 1$，2，第 1 期和第 2 期的消费分别定义为 c_1 和 c_2，为便于研究，设定时间贴现率为 0，则贫困户的效用函数可以表示为：$U = U'(c_1) + U''(c_2)$，其中 $U' > 0$，$U'' < 0$。②假定贫困户在第 1 期和第 2 期可以获得的收入为 y_t，它由不变的基础收入 y_b 和可变的临时收入 e_t 两部分组成。而且 $e_1 = -e_2$，即当前收入增加，会在未来时期减少同样的收入。贫困户现在由于受到某些因素的影响导致收入变化，会在未来时期受到相反的影响导致收入发生反方向变化，从而完全抵消现在受到的影响和冲击。在不考虑时间贴现因子影响时，可以认定贫困户有一半的冲击和影响出现在现在，另外一半的冲击和影响出现在未来某时期，这种冲击和影响服从 [0，1] 分布。当不存在金融机构时，贫困户缺乏储蓄和借款渠道，贫困户的效用函数为：

$$Ue = U'(y_b + e) + U''(\bar{y} - e)$$

当存在金融机构为贫困户提供信贷服务时，第 1 期存在正向影响的贫困户将增加的收入存入金融机构，受到负向影响的贫困户从金融机构获得贷款支持。金融机构对贫困户收取固定的服务费 f 来弥补经营过程中的固定成本。贫困户会根据受到的影响 e 的大小和服务费 f 的作低作出相应的抉择，在第 1 期减少消费 s，在第 2 期增加消费 s。贫困户效用函数变为：

$$U = U'(\bar{y} + e - s - f) + U''(y_b - e + s - f)$$

由该公式可知，当 s 能够完全抵消 e 时是单个贫困户的最优的选择，这样，整个参与金融系统的贫困户的整体效用函数为：

$$U = 2U(\bar{y} - f)$$

只有当贫困户观察到他可能受到较大影响和冲击时，才会选择承担固定成本，否则他会选择不参与资金借贷来避免承担服务费。所以，当固定的服务费 f 一定时，存在一个影响和冲击的临界点 e^*，只有受到的影响和冲击大于临界点 e^* 的贫困户才会选择参与资金借贷。

$$U'(\bar{y}+e^*)+U''(\bar{y}-e^*)=2U(\bar{y}-f)$$

第一种情况，当政府不对金融机构进行支持，而对贫困户采取直接财政资金支持形式，从而增加贫困户的基础收入 y_b。由于政府一般不了解贫困户的具体情况，难以将资金发放到最需要资金支持的贫困户手中。

第二种情况，政府通过财政补贴、税收优惠等多种方式对金融机构进行支持，这样能够弥补金融机构的部分固定成本，降低运营过程中的交易成本。

经过数学模型计算分析可知，由于现实生活中信贷市场存在的信息不对称和交易成本的存在，政府不能准确知道贫困户在何时受到多大的外界冲击影响，因此对贫困户采取直接的资金支持方式往往不能达到优化贫困户跨期消费和生产的效果。在脱贫攻坚的大势下，政府采取对金融机构进行支持，帮助金融机构降低交易成本，更好地为贫困户提供服务，政府的这种间接方式所产生的帮扶效用要大于对贫困户采取直接的资金支持方式产生的帮扶效用。

四、消费扶贫社会行动计划

消费扶贫社会行动计划，就是通过科学设计推动全社会消费实施扶贫。包括对贫困地区消费品的设计和对消费者消费路径的设计，推动全社会参与消费扶贫。

（一）消费扶贫的内涵与本质

人类自从有意识对物品的使用和消耗起，消费活动就随之开始。消费伴随了每一个人从出生到死亡的全过程，人们不是天然的生产者，但却是天然的消费者。在社会主义市场经济体制下，消费的内涵已不仅仅是占有、使用商品，享受服务的过程，更是人们经济、文化、社会等活动的重要联系纽带，具有经济、社会和文化内涵。在扶贫领域，消费扶贫不仅能带动贫困户脱贫致富，更能体现出消费文化，传播民族传统文化的正能量。

1. 消费扶贫的内涵

在中国，"消费"一词在汉朝就已经出现。任何一个社会在任何时候都不能停止消费，消费的实质是利用和消耗自然资源和人工物质以满足需要的过程。消费扶贫，也就是带有扶贫性质的消费，与一般性消费最大的区别就在于消费的物品是列入国家集中连片贫困地区的特色优质农副产品，比如贫困户种植的优质农产品、养殖的优质肉蛋鱼虾产品等。消费者紧密结合自己的消费计划，以私人定制的方式来爱心购销，从而带动贫困家庭脱贫致富。

消费有生产消费和个人消费（或生活消费）之分，消费扶贫同样有此之分。中国的农村，未来的形态布局是城镇社区和农庄的结合。农庄生产出的农副产品，要么是人们的生活所需，要么是企业等市场主体再生产的原材料，是生产所需。无论是哪种需求，扶贫式消费首要的还是倡导双赢或多赢理念，而不是一味地奉献爱心。贫困地区的农副产品有巨大的挖掘和开发空间，经济效益很突出。与此同时，人们消费贫困地区农副产品的动机已经不只局限于产品本身的功能价值，也是对社会扶贫所尽的一份责任，是被社会认同的一种渴望。

2. 消费扶贫的本质

消费扶贫的本质可归纳为 16 个字，即企业进村，老板入户，结对帮扶，贫富互助。企业进村，就是前面讲过的农庄计划，企业带来先进的生产方式和商业模式，拉动贫困村产业经济可持续发展；老板入户，就是改变消费理念，倡导消费者（老板）与贫困村民手牵手对接，减少中间环节，让田间地头的农副产品与消费者餐桌直接连接，双方共享收益；

结对帮扶，就是强调扶贫消费的精准性，消费者与贫困户"一对一结对子，手牵手摘帽子"，培育一个，带动一村，影响一片；贫富互助，就是消费者与扶贫对象互助，使生态进城，财富进村，双方均能收益，富洗贫者脑，贫洗富者心。

（二）消费扶贫的属性与特征

消费扶贫，是消费扶贫社会行动计划倡导的一种消费行为方式，是一种新的社会关系和社会文化形态，有着自己的属性与特征。

1. 消费扶贫的属性

脱贫攻坚，全面建成小康社会，使消费扶贫成为一个综合了经济、社会、文化等各个方面的复杂社会活动，因此有着多重属性。

一是经济属性。马克思在《政治经济学批判导言》中写道："消费创造出生产的动力。"一个新消费点或者消费热点的出现，往往能带动甚至盘活某个产业甚至多个相关产业的发展。同样的道理，一个贫困地区的特色农副产品如果成为消费热点，势必盘活当地的相关产业，从而带动更多的贫困家庭发展生产，提供就业机会，提高收入水平。对贫困地区而言，消费扶贫的经济属性是第一位的。

二是社会属性。人与动物最重要的区别就是人具有社会属性。人们消费贫困地区的农副产品，不仅是一个自然过程，而且是与贫困地区发生帮扶关系的社会过程。人们对消费的产品各有不同，表现出来的品位、审美也各有偏好，而正是这些不同和偏好形成了不同的帮扶群体，成为了帮扶双方互相交流的平台和桥梁。

三是文化属性。在一定意义上讲，消费扶贫是一种文化。在当代社会，人们消费贫困地区的农副产品，将有可能带动一个或几个贫困家庭提高收入。更多的社会群体参与爱心消费，就会为国家的脱贫攻坚贡献力量，这就成了一种文化现象。这些有特色的农副产品是文化的重要载体，甚至有可能成为人们接受或者表达某些特定意义的符号和象征体系。

2. 消费扶贫的基本特征

2015 年 11 月 23 日，国务院印发《关于积极发挥新消费引领作用加快培育形成新供给新动力的指导意见》（以下简称"意见"）。意见强调，我国消费结构正在发生深刻变化，以消费新热点、消费新模式为主要内容的消费升级，将引领相关产业、基础设施和公共服务投资迅速成长，拓展未来发展新空间。意见明确指出，服务消费、信息消费、绿色消费、时尚消费、农村消费和品质提升型消费等六大领域将作为消费升级的重点领域和方向。

进入新时期以来，我国的国民经济快速发展，人们的物质基础愈发丰实，消费领域不断扩大，消费能力显著提升，消费方式也在逐渐发生着变化。消费扶贫作为一种新的消费模式，必将挖掘开发出新的消费热点，体现出如下特征：

一是消费趋向个性定制化。现代社会商品选择范围很宽，社会更加开放与包容，人们普遍拥有更大的自由与平等，不再像以前一样强调整齐划一与绝对平均。人们追求自我的展现和个性的张扬，在消费扶贫领域，人们也希望通过自己独具一格的消费产品来树立话语权，以此表达自己对消费扶贫的理解和支持。尤其在当下及未来五年脱贫攻坚的关键期，消费扶贫将成为个体获得身份认同和支持扶贫工作的一种主流手段。当代社会呼唤人们认同理解消费扶贫理念，更倡导个性化、私人定制的消费方式存在。全世界的富人都富得一个样，全世界的穷人却穷得不一样，正是穷得不一样，为个性化的私人定制奠定了基础。

二是消费方式富有创新性。消费扶贫，消费的是贫困地区的特色优质农副产品。然而，贫困地区往往基础设施落后，水、电、路、网等基建条件起点低，这对满足消费者的个性化需求提出了挑战。如何减少中间环节，保证产品质量，有效帮扶贫困家庭提高收入等问题，都需要消费扶贫以创新的方式去解决。"扶贫一号工程""田盒子"平台都是针对这些问题设计的创新消费扶贫方式。

三是消费需求日趋多样化。在物品极其丰富的今天，人们不仅仅满足于为了生存需要而进行的消费，总是在不断地追求消费的更高境界和层次。追求消费的安全和健康，追求消费带来的成就感、归属感和身份地位的认同感，也已成为现阶段消费的重要内容和形式。以前，我国城镇居民的消费支出绝大多数是食物消费，而目前则更多地支出在"享受"上，如用于购买乡村住宅，认购家庭农场，参加果蔬采摘节等方面。从城镇到农村，从东部到西部，从沿海到内陆，由于经济、文化、历史、地理等方面的差异而形成的多层次、多样化的消费需求，对贫困地区的农副产品也提出了更高的要求，表现为特色化、优质化、短缺化。

四是消费呈现多层次化。由于我国各民族、各地区、各群体之间的收入水平和消费水平各不相同，有一定的差距，所以在消费结构上也呈现出不同层次的需求。不同的民族、不同的区域、不同的收入，不同的年龄和性别，不同的受教育程度，导致对贫困地区农副产品的消费需求日益分化；城镇和农村居民消费需求的不同，沿海地区和内陆地区居民消费需求的不同，金领阶层和蓝领阶层居民消费需求的不同等，反过来又会产生出不同的消费扶贫习惯。

五是消费的审美化。今天的人们在消费过程中不仅仅关注消费品的使用价值，更关注其符号价值和象征意义。贫困地区的农副产品往往各有特色，生态环保，营养丰富，消费这些农副产品，本身就是一件积功德的行为，是为国家的脱贫攻坚计划贡献力量。消费扶贫，能让消费者得到美感与情感的双丰收，获得身心的愉悦、需求的满足、想象的实现。

（三）消费扶贫的路径与尝试

消费扶贫有着多种多样的路径，从现实发展看，大致可归为线上和线下两种。线上，以电子商务平台与农村扶贫相衔接，搭建电商扶贫大平台（"田盒子"平台）；线下，有"农业嘉年华，年货赶大集"等平台。但无论是线上、线下，手牵手的扶贫消费是基本的路径。

1. 消费扶贫手牵手

消费扶贫体现的是一种社会行动，积极呼唤倡导社会各类消费者与贫困户成功牵手，精准对接，有效减少中间环节，通过积极引导培育，实现消费者需求的私人牵手定制。

2015 年 10 月 16 日下午，"2015 减贫与发展高层论坛——乡村发展论坛"在北京国际饭店会议中心如期举行。本次论坛由论坛组委会主办，国务院扶贫办政策法规司与中国扶贫志愿服务促进会（筹）共同承办。本次论坛的主旨，就是扶贫牵手行动。国务院扶贫办主任刘永富亲临论坛会场主导了扶贫企业与帮扶贫困村的签约仪式，北京聚茶园网络科技有限公司、山东省莒县陵阳街村企业集团等多家优秀企业，现场与贫困地区的县和村签署了 12 份"结对帮扶协议书"。经初步预测，这次签订的帮扶协议预计将使超过 2 万户贫困家庭因此受益，摆脱贫困。

扶贫牵手行动启动仪式

2. 聚茶园扶贫的创新尝试

在签约的帮扶项目中，北京聚茶园网络科技有限公司（以下简称"聚茶园"）以"网络天下茶园，造福百万茶农"为己任，借助互联网，让茶农、茶厂与消费者三方牵手，实现新的消费业态，让一亩茶园的消费切实帮助一户茶农脱贫。目前，北京聚茶园网络科技有限公司已建成一期工程 3000 亩茶园，亩均收益 3000—6000 元，可带动 2000 多户贫困家庭摆脱贫困。

全国 14 个集中连片贫困山区，其中有 11 个主要种植茶叶，国家级重点贫困县近 50% 也就是约 276 个分布在八大茶产区。北京聚茶园网络科技有限公司 CEO 王筱甜及其团队一直在思考一个问题：大山困住了茶香。好茶卖不出好价，是大山里的茶农依旧贫困的主要原因。茶农们无暇顾及建立品牌，更无暇顾及好茶的推广，只能处于交易劣势把辛苦种的好茶贱价卖给茶贩子。茶贩子再层层加价，市民们不得不为中间渠道买单，买来广告词中的某产地茶叶。

于是王筱甜团队迅速行动起来，成立了北京聚茶园网络科技有限公司，有幸成为扶贫牵手行动中的首个消费扶贫项目。"不以善小而不为"，消费认购贫困地区茶农的产品也能扶贫，可以直接帮助茶农摆脱贫困。

北京聚茶园网络科技有限公司集结扶贫各方资源，得到了国务院扶贫小的支持、中国人民大学农村发展研究所的指导，以及品牌策划、互联网品牌推广行业领军人物的帮助。整合 276 个国家级重点贫困县的茶产业，以县为单位成立"茶业馆"，以 12.8 万个贫困村的驻村工作队作为项目后援，具体跟进各村的茶产业项目。邀请茶叶专家和营销领域专家，因地制宜为本地茶发展出谋划策，建立地方品牌。聚茶园作为茶品类公平交易平台，依托"扶贫 + 互联网 + 茶"的创新模式，牵手天下茶园，造福百万茶农。让茶农增收，为市民减负，让人人都能用合理的价格喝上好茶。

截至 2013 年，全国实有茶园面积 3700 多万亩，当年茶叶产量 200 多万吨，产值 3000 多亿元人民币，其中贫困茶产区占比近一半。中国的茶叶市场潜能是巨大的，而茶农仍普遍处于贫困状态。据统计，2013 年我国每亩茶园产值仅 3489 元，茶农真正拿到手里的收入就更少了，归根结底就是钱被茶贩子们赚走了。消费者不得不支付几倍的渠道费购买茶叶。

"聚茶园"的消费扶贫模式让一亩茶园的销量能切实帮助一户茶农脱贫，一人买一斤，百人帮一户。消费亦能扶危救困，鼓励全民用认购茶园的形式，带给茶农一份有尊严的收入，也带动当地茶产业的发展。"聚茶园"通过整合贫困地区的茶叶资源，设计不同规模大小的茶园，方便大众认购茶园、参与扶贫。购买三棵茶树也是扶贫，购买一亩茶园就能帮助一户茶农脱贫。以"茶叶售价 = 茶青收购价 + 炒制费用 + 包装"的定价，运用互联网模式，面向大众，还利于茶农和市民。做到茶农增收，市民减负。市民最低仅需支付 50 元就能认购茶园。吃水不忘挖井人，作为公平交易，茶农以优质的茶叶回馈爱心消费者。

"聚茶园"牵手扶贫模式的贡献，在于实现了品质与低价消费的探索。贫困地区的茶农普通缺乏品牌意识，整合各方营销资源的能力低，"聚茶园"作为网上的公平交易平台，面向贫困地区茶农免费开放。但光靠茶农自己在茶行业这片红海中单打独斗势单力薄。"聚茶园"以各地茶业馆为单位，由当地驻村工作队向"聚茶园"推荐数个制茶品质优良、产能稳定的茶厂，茶厂面向周边地区茶农收购优质茶青，遵循市场规律，茶青品优则价优，统一进入茶厂，加工炒制。每户茶农在当地驻村队的安排下建档建卡，内容包括：家里人口，去年年收入，家有茶园几亩、年产多少、当年茶青收入等自家茶园信息。茶农与茶厂的每一次交易，都记录在案，以便于"聚茶园"帮助消费者对口帮扶到具体的茶农，统计一年中该户茶农共销售出的茶青数量，记录该户增收情况，在"聚茶园"官网公开发布贫困茶农脱贫后的变化。每个茶农都有自己的身份档案，同时依照茶厂"扶贫手册"，严格按照要求种植、施肥、采摘等。不符合收购条件的茶青，坚决不予收购，并列入茶农档案。第二次不合格，茶农将被列入收购黑名单。每批次成茶都将送质检、存档，并不定期由茶行业专家学者"微服私访"抽查产前、产中、产后各个环节，保证茶叶品质。茶农身份档案便于"聚茶园"监控成品茶品质，做到质量追溯，也利于当地驻村工作队、扶贫单位、农业单位做茶产业扶贫数据收集。对茶厂的招商与挑选，"聚茶园"同样有一套完整的准入退出机制，生产品质、生产能力为优先考虑。各个茶农以茶青品质竞争，茶厂以采购价格、生产能力竞争，"聚茶园"平台各方都处于良性的生态竞争中，最终造福消费者。

"聚茶园"的牵手扶贫行动，实际是牵起了茶农、茶厂、消费者的手，三方绕成一个手牵手的圈。"聚茶园"用心驱动扶贫，用心服务于以上三方，促成了茶农用心种植、茶厂用心制茶、消费者安心喝茶的良性循环，具有普遍的逻辑意义。

第四章

"决战2020"的战略方向

全面推进战略设计"四大计划"，关键是把握住战略方向，拧住着力点，唯其如此，才能加快"决战2020"的步伐。本章着眼于盘活既有扶贫资源，撬动扶贫开发难点，努力打通脱贫攻坚"最后一公里"的战略末端方向，着重阐述用活"帽子戏法"、傍"大款"、培育"卖货郎"、搭建"田盒子"平台四个着力点。

一、用活"帽子戏法"

"帽子戏法"，起始于 1858 年。板球手 HH. 斯蒂芬森连续三次击中门柱得分而被奖励一顶帽子，被称为"帽子戏法"。"帽子戏法"，英文为 hat - trick，后来作为一个专用词被广泛应用于体育比赛中，也被形容为连续三次成功。我们这里借用"帽子戏法"一词，比喻贫困地区通过认识贫困"帽子"、活用贫困"帽子"、最终摘掉贫困"帽子"的脱贫活动方略。

（一）认识贫困的"帽子"

到底什么是贫困的"帽子"？这是我们必须首先回答的问题。2014 年 4 月，国务院扶贫办印发《扶贫开发建档立卡工作方案》，方案通过严格的申报审批程序，将贫困人群的基本情况、致贫原因等信息材料录入建档立卡信息系统，通过计算评估，最终识别得出了贫困线以下的贫困县、贫困村和贫困户。这些已登记在册的建档立卡的贫困县、贫困村和贫困户，从此就戴上了贫困的"帽子"。当然，建档立卡的贫困对象处于动态变化的状态，建档立卡工作通过"回头看"等措施也在不断调整修正。通过一年多的统计调查，已确定全国处于贫困线以下的贫困县 832 个、贫困村 12.8 万个、贫困户 2932 万户、贫困人口 7017 万人。

贫困群体缺资金、缺技术、缺管理、缺信息，是典型的弱势群体。那么，戴上建档立卡标记的贫困"帽子"，按照国家的政策，他们究竟能获得怎样的益处和扶持呢？应该说，国家给予了全方位、全领域的最大关心和支持。为了便于叙述，在此只对扶贫开发金融服务工作作一简述。

前文我们分析过，缺资金是贫困群体摆脱贫困的最大障碍。为了满足贫困群体发展生产的资金需求，国家积极鼓励、引导金融机构参与金融扶贫工作，其主要方式有两种：一是普惠性金融支持，二是特惠性金融支持。

普惠性金融支持，主要是指用于贫困地区畅通道路、人畜安全饮水、易地扶贫搬迁、特色优势产业等项目的扶贫资金支持。2014 年，国家在村级道路畅通、饮水安全、电力保障、危房改造、特色产业增收、乡村旅游扶贫、教育扶贫、卫生和计划生育扶贫、文化建设和贫困村信息化建设等 10 项重点扶贫领域提供普惠性金融服务，累计投放资金超过万亿元，力度空前，效果明显。2015 年，国务院扶贫办分别与国家开发银行、中国农业发展银行签署近 4 万亿元规模的金融扶贫服务战略合作协议，主要用于易地扶贫搬迁、光伏扶贫、产业扶贫等领域。未来 5 年，国家将对 1000 万贫困群体进行异地扶贫搬迁，总投放金额约 6000 亿元；国家实施的"雨露计划"，对全国农村建档立卡贫困家庭中接受中、高等职业教育的子女，提供每生每年 3000 元左右的补助标准；"十三五"期间，率先对建档立卡贫困家庭子女初、高中就学免除学杂费；国家资助为贫困村免费培养创业致富带头人，等等。总之，国家给予的普惠性金融支持涉及诸多领域，力度很大。

特惠性金融支持，主要是指用于解决扶贫开发资金不足问题而实施的特殊金融支持服务，如小额信贷、社区发展基金扶持、贫困村村级扶贫资金互助合作等。例如，2014 年 12 月，国务院扶贫办、财政部、中国人民银行、保监会、银监会联合下发了《关于创新发展扶贫小额信贷的指导意见》，明确规定，对建档立卡贫困户提供户均 5 万元以下，3 年期内免抵押、免担保、基准利率、财政贴息的扶贫小额信贷产品和服务。

《中共中央、国务院关于打赢脱贫攻坚战的决定》进一步全面地明确了"十三五"期间脱贫攻坚的一系列政策，指出了贫困地区贫困群体的极大潜在优势，认识和转换"贫困帽子"蕴含的潜在优势，可以不断开创扶贫开发事业的新局面。

（二）戴好贫困的"帽子"

既然贫困的"帽子"蕴含有如此多的潜在优势，那么，贫困"帽子"有了，如何戴好这顶帽子，不至于戴偏、戴歪呢？笔者认为，以市场的手来戴这顶贫困"帽子"，不失为一种好的方法。由市场戴"帽子"，就是把贫困"帽子"蕴含的潜在优势融于市场，使扶贫开发遵循市场规律。

1. 市场戴"帽子"的意义

按照国家的总体设计，除需要国家政策兜底的 2000 万贫困群体外，另外的 5000 多万贫困群体摆脱贫困，主要是依靠发展产业、易地搬迁、生态补偿和发展教育，而这就需要合理地参与到市场经营体系中来。比如推动现代农庄建设，就可以把建设农庄的扶贫资金，落实分解到具体贫困户的名下作为股份，贷资入股于帮扶企业，帮扶企业按照现代企业进行市场化运作，贫困户就变成了企业的股东，可以在企业上班直接参与企业的管理，按劳取酬，又可以获取股金收益的分配。这样做的好处是多方面的：

（1）有利于提高劳动生产率，扭转贫困群体等、靠、要的思想。产业是扶贫开发的根本，抓住产业就抓住了脱贫的"牛鼻子"。市场参与扶贫开发资源，将贫困群体享有的扶贫资源与产业发展高度融合，产业发展的好坏直接与贫困群体的利益有关，帮扶企业公开核算成本和效益，引导和调动贫困群体参与生产的积极性。这样做不仅实现了产业的规范管理，提高了劳动生产率，同时也改变了贫困群体以往等、靠、要的惰性思想，可以大大降低以往救济性扶贫带来的依赖性。

（2）有利于激发内生动力，增进贫困群体脱贫的可持续力。企业是市场经营的主体，企业与贫困户结对发展，能大大降低贫困户单打独斗的风险，从而降低成本，增加收益，增进贫困群体脱贫的可持续力。同时，这种良性互动，有助于激发贫困群体的内生动力，提高贫困群体的自身素质，反过来也会提升企业的经营管理水平，扩大企业带动贫困户的数量，规模经营，薄利多销，提升利润。

（3）有利于化解合作矛盾，共促地位平等。企业逐利是永恒的，与贫困群体在产业链上合作，企业往往处于强势地位，双方矛盾时有发生。但企业通过规范化运作，在合理区间保证贫困群体收益，承担贫困群体应有的风险，双方矛盾自然化解。同时，企业在带动贫困群体的过程中，也间接培养了更多的脱贫致富能人，他们也有能力带动更多的贫困家庭通过参与生产摆脱贫困。这种互动、互助和互促，有益于合作双方动态的地位平等，诠释社会公平正义。

2. 市场戴 "帽子" 的功能

以市场机制为贫困群体戴好贫困的 "帽子"，从根本上改变了传统扶贫以 "输血" 为主的模式，使市场扶贫的 "造血" 功能明显增强。

（1）完善国家扶贫机制。中国扶贫开发长期以来是政府主导的大扶贫格局。无论专项扶贫、行业扶贫还是社会扶贫，这 "三驾马车" 都受党委、政府主导，是一种 "输血式" 的扶贫，扶贫开发成了党委、政府的专一职责，结果越扶越贫的现象比比皆是。市场来 "戴帽"，有利于理顺政府和市场的关系，为新时期脱贫攻坚提供新动力，补充完善国家的扶贫机制。

（2）放大扶贫开发资源效应。以政府主导式的扶贫开发，容易产生腐败，也容易养成贫困群体等、靠、要的懒惰思想。扶贫开发资源是有限的，贫困群体的需求是无限的，双方很容易产生矛盾。市场配置扶贫资源，能更好地结合市场资金、技术、信息等优势资源，变 "输血式" 扶贫为 "造血式" 扶贫，充分放大扶贫开发资源效应。

（3）累积脱贫攻坚成效。一般来讲，贫困群体很缺乏参与市场经营所需要的基本素质，因此脱贫后返贫率很高。市场分配扶贫开发资源，是有效地将贫困群体的资本、资产、劳动力等资源与市场经营项目无缝衔接，极大地调动贫困群体参与生产的积极性，从而累积了脱贫攻坚的实际效果。

3. 市场戴"帽子"的方法

（1）产业扶贫。产业是扶贫开发最重要的抓手，合理规划产业模式是关键。目前，产业扶贫的主要模式是股份合作制，主要是政府、企业、专业合作社、金融机构、贫困户共同设计股份合作制公司。这种模式在贫困地区表现为大规模发展种植业、养殖业基地。另外也有发展特色手工艺、乡村旅游等形式，融合第一、第二、第三产业，快速带动贫困农民脱贫致富。

（2）消费扶贫。消费扶贫是为贫困地区生产的特色优质农副产品提供销售渠道和市场，从而增加贫困群体的收入。消费行为本身是一种市场行为，在互惠互利的前提下，消费主体（主要包括企业、社会组织和个人）以私人订制的方式消费贫困家庭的农副产品，既能满足消费者的个性化需求，积累功德爱心，又能提高贫困群体销售收入，双方各取所需，促使生态进城，财富进村。

（3）其他扶贫。市场机制下，通过市场分配扶贫资源，带动贫困群体脱贫致富的方法还有很多。比如科技扶贫、教育扶贫、协作扶贫、金融扶贫等。每种方法各有侧重，但也相互影响，目标是为贫困群体最终"摘帽"服务。

（三）摘掉贫困的"帽子"

戴好"帽子"，目的是摘掉"帽子"。摘掉贫困"帽子"，既要依托国家"摘帽"机制，更要依托市场"摘帽"机制，只有这样，才能早日摆脱贫困，携手共奔小康。

1. 国家"摘帽"机制

在我国现有的扶贫开发政策中，贫困县往往能在财政转移支付、项目资金安排、基础设施建设方面获得倾斜和优先，所以"贫困帽"被一些贫困县视为"摇钱树"，主观上不愿摘掉贫困的"帽子"。同时，有些贫困县的大部分财政支出主要是靠这样的"倾斜和优先"才能正常运作，也导致部分县迟迟不愿摘掉贫困的"帽子"。2015年，在中央扶贫开发工作会议期间，有22个省份通过层层签订脱贫攻坚责任书、立下军令状，制定摘帽的时刻表，实现有序退出，既防止拖延病，又防止急躁症。针对一些地区脱贫不愿摘帽的现象，国家出台了"摘帽不摘政策"，形成"早脱帽子早有好处，不脱帽子还有约束"的导向，对积极脱贫的县和个人实施奖励。可以说，国家的这些政策机制，在一定程度上避免了不愿摘帽的现象。

2. 市场"摘帽"机制

市场"摘帽"机制，就是用活"帽子戏法"。"帽子戏法"的核心，是取得连续的成功。首先是让贫困"帽子"所蕴含的潜在优势进入市场。例如，以扶贫专项贷款参加企业投资，以固定分红的方式获得第一次收益。其次是贫困群体以第一次收益作为企业要素，参与企业的市场化经营，从而在企业的市场化经营中实现第二次收益。最后是以第二次的收益和俱增的自身素质实现持续收益，即贫困群体在参与企业的市场化经营中，收益得到积累，自身素质得到提升，从而脱贫致富。

案例：

2015年7月，甘肃省财政厅与该省相关银行业金融机构联手，为该省建档立卡的97万户、417万贫困人口量身打造专属金融产品，启动实施精准扶贫专项贷款工程。该工程实施期限为2015—2017年，总规模为400亿元，贷款额度为每户1万—5万元，期限1—3年，财政和银行共同出资建立风险补偿基金，银行对农户免抵押、免担保，省财政全额贴息。在该工程实施过程中，甘肃省武威市创新贷款机制，依据建档立卡贫困户贷款意愿和生产经营能力，将贷款发放分为企业带动帮扶类和农户自主发展类两种：对脱贫基础差、缺少技能、还贷风险大的贫困农户，采取"依托企业、带动脱贫"的方式，将贷款发放至当地的优质龙头企业，企业负责还本，贫困户获得定期分红；对有能力使用扶贫贷款脱贫致富的农户，将贷款发放给农户自主使用。

武威市古浪县帝苑电脑绣品服饰有限公司的女工主要来自贫困家庭留守妇女，并已通过技术培训。该公司集中使用 20 多户贫困户专项贷款，吸纳每户至少 1 人就业，企业每年返还贫困户 3000 元，贫困户务工每月工资 2000 多元。这样，贫困户既可以保底分红，又得到了财政贴息、工资和土地流转的收入。

武威市古浪绿洲生态移民扶贫产业基地采取"公司 + 基地 + 生态移民"的模式带动贫困户脱贫致富。贫困户将 5 万元精准扶贫专项贷款投入公司，公司与贫困户签订带贫协议，每年按 6% 的比例分红；同时贫困户在产业基地工作，转变为产业工人，并流转原有土地，收取租金，获取"工资收入 + 年底分红 + 土地租金"三份收入。

当然，用活贫困的"帽子戏法"，还要在市场机制下，努力寻求"一户一策"，因地制宜、因户制宜，脱贫到户、脱贫到人。"家里种过茶叶的，帮他发展茶叶；家里养羊的，帮助他扩大规模；想学门技术打工的，帮他进入培训机构。"这是国家制作贫困"帽子"的初衷，也是依托市场用活"帽子戏法"，最终"摘帽"的机理。

二、傍"大款"

傍"大款"，即贫困群体直接与帮扶企业、社会经济组织、脱贫致富带头人等"捆绑"发展，双方签订扶贫开发项目合作协议，明确约定双方的权利和义务，使产业链条上的弱势贫困群体成为投资者、股东和员工。傍"大款"，也是新时期扶贫脱贫应拧住的着力点。

（一）谁是"大款"

我们这里讲的"大款"，是相对弱势贫困群体而言的，是指参与扶贫脱贫的行为主体。从我国当前的扶贫开发实践来看，"大款"主要包括各类民营企业、社会组织和个人，是社会扶贫脱贫大格局中的主体。

民营企业。民营企业参与扶贫脱贫，是一种以企业为主体，与贫困群体互惠互利的合约式扶贫。贫困群体与企业之间是平等的利用彼此资源进行协作与互动的关系，这种合作可以推动贫困群体融入市场运作，通过市场运作机制，有效提高自主脱贫的能力，实现长期稳固的脱贫。民营企业参与扶贫脱贫，有利于贫困群众学会根据市场需求发展特色产业，借助龙头企业这个"大款"提高贫困群体进入市场的组织化程度与生产的专业化程度，谋求市场优势与效益。

社会组织。社会组织参与扶贫脱贫，是一种以社会组织群体扶持贫困群体的公益性扶贫脱贫活动。社会组织参与扶贫脱贫，可以弥补政府机制和市场机制的缺陷，充分调动社会力量参与扶贫，保障贫困群体享有扶贫脱贫的一切权利，享受社会的基本公共服务和权利平等，切实保证贫困群众共享发展成果。

个人。个人参与扶贫脱贫，是一种充分调动社会富裕个体扶贫的形式。通过积极鼓励、广泛动员富裕的个人参与扶贫，从而帮助贫困的个人实现脱贫。我国的富裕人群不断扩大，这部分富裕群体是不可忽视的扶贫脱贫力量。

（二）为什么傍"大款"

"十三五"时期是脱贫攻坚的决战决胜期，扶贫开发已上升到国家"第一个一百年"奋斗目标的重点工作，也成了全面建成小康社会最大的短板。当前扶贫的目标已不再是以往解决温饱的基本目标，而是要快速提高贫困群体收入水平，增强他们的自我发展能力，帮助他们尽快脱贫致富奔小康。而要实现这个目标，贫困群体首选的办法就是傍民营企业这个"大款"，通过企业带动和市场运营，尽早脱贫致富。因此，动员民营企业参与扶贫开发，把贫困群体的资源、发展需求和企业的发展能力有机结合起来，创新傍"大款"这一扶贫运行机制，就显得尤为重要。

1. 傍"大款"体现了新时期国家扶贫开发工作精神

《中共中央、国务院关于打赢脱贫攻坚战的决定》明确提出："鼓励支持民营企业、社会组织、个人参与扶贫开发，实现社会帮扶资源和精准扶贫有效对接……完善扶贫龙头企业认定制度，增强企业辐射带动贫困户增收的能力。"这就是傍"大款"的基本依据，它体现了新时期国家扶贫开发工作的基本精神。党的十八大以来，"以工促农、以城带乡"的大氛围已逐步形成，民营企业作为市场经济发展的主体，理应成为扶贫开发的重要力量，以此丰富和完善扶贫开发的载体和形式。傍"大款"这种创新型扶贫运行机制，使得市场开发能力最强的主体得以进入资源开发潜力最大的地区，使发展能力最强的组织与发展需求最为迫切的贫困群体有效对接，达到互惠互利，共同发展。

2. 傍"大款"激发了贫困地区市场活力和持续发展动力

民营企业在贫困地区不仅可以开展公益的单向慈善事业，也可以针对贫困地区的具体特点建立开发扶贫项目，这样不但帮助贫困地区开发资源、培育产业，通过规模化生产、现代化管理、精细化分工、产业化经营，建立产业集群，催生贫困地区孵化新经济合作组织，同时还能开展贫困劳动力转移培训，或直接吸纳贫困人口就业，使贫困人口接受市场经济理念，获得现代管理知识和劳动技能，有利于开阔视野，摆脱愚昧封闭的思想观念，提高自我发展的能力。

3. 傍"大款"构筑了互利共赢的开放型经济体系

民营企业作为新时期扶贫开发的新兴经营主体，可以发展多种形式的规模经营，构建集约化、专业化、组织化、社会化相结合的新型扶贫开发模式，同时也使贫困人口实现资本性收益、资产性收益和劳动工资收益。贫困人口通过国家扶贫脱贫政策获得的扶贫资金可入股分红，土地、房屋等资产可以增值收益，本人也可以就近就业增加工资收益。这样做也符合保民生、保稳定的政策导向。

（三）如何傍"大款"

傍"大款"最理想的结果是使广大贫困农户实现高度的农业产业化，这是广大贫困农户的企盼和愿望，也是扶贫开发所追求的目标价值。通过傍"大款"，产业链条上处于绝对弱势的贫困农户成为产业链中的利益共同体，成为投资者，甚至成为帮扶企业的主人，这是最好的傍"大款"模式，需要精心设计。如果傍"大款"模式设计不合理，很容易模糊扶贫资金的产权归属，造成大量扶贫资金投入帮扶企业后，贫困群体丧失了主体地位，致使穷人戴着帽子，富人得了票子。

1. 企业带动

企业带动，也就是我们常说的"企业＋基地＋农户"。这种模式由政府统一领导、组织、审批、监督相关扶贫项目，企业与贫困户共同承贷，企业负责兜底还款。这种扶贫模式以企业为主体，企业自主经营，运行机制涵盖了政府、金融机构、企业与贫困农户，以企业为龙头，引导贫困农民进入市场，把农业生产的各环节与市场机制有效衔接起来，促进农业增产和农民增收。采用这种模式，企业与政府、银行、贫困农民一体捆绑，在激励企业参与扶贫热情的同时，企业自主经营与政府行政干预并存，促使农民进入大市场循环，并在市场机制的运作下实现脱贫发展。因为有政府的保护政策，企业可以低风险进入产业化和市场循环。项目资金主要来源于各种有偿扶贫配套资金，部分资金为企业自筹，由企业承贷承还。此扶贫模式对于提高贫困群体走向市场的能力起着重要的作用。

例如农庄建设，就可参照这种模式发展。贫困农户通过"帽子戏法"获得扶贫小额信贷，在明确所有权归贫困农户的前提下，银行将这些资金投资入股具体的农庄项目，贫困户与企业共同建设。所建农庄不仅扩大了企业的生产基地规模，而且保证了贫困户固定的收益回报。贷款到期由企业负责还贷。这里有两点要注意：一是明确扶贫小额信贷所有权归贫困农户所有，避免合作后产权不清；二是银行将贷款直拨企业，避免拨给农户难以回收。在脱贫攻坚新时期，"企业 + 基地 + 农户"这种帮扶模式被赋予了新的内涵，企业属于广大农户共同所有，基地由广大农户共同组成，企业按照股份合作制运行，利益与贫困农户共同分享，为贫困地区广大贫困农民架设了一条通往脱贫致富的康庄大道。

2. 产业带动

产业带动，指的是以帮扶企业（重点是扶贫龙头企业）牵头，带动专业化种养基地和中介组织联络千家万户的链条式经济格局，实现种养、服务、加工、经营等环节的一条龙服务。产业带动扶贫，主要立足本土资源，重点扶持本土主导产业，对贫困地区的土地、资金、劳动力等要素进行重组，以主导产业带动农业、加工业和服务业发展，进而培育新的规模型企业，带动贫困农村脱贫致富。

案例：

福建省晋江市有各类农业产业化经营组织 200 多个，其中国家级农业产业化龙头企业 2 家、省级 11 家、泉州市级 23 家，农业龙头企业发展优势明显。他们借助这一优势，带动农业产业结构的优化、农业产业化进程的加快和农业整体竞争力的提升，促进了农业增效和农民增收，促进了城乡产业对接和城乡统筹发展。如安海镇前蔡村经济发展相对滞后，国家级农业产业化重点龙头企业福源公司开展了与村企结对共建活动，形成了"3 个 80%"的带动机制，即该村 80% 的村民参与企业投资入股、企业 80% 的员工来自本村及周边村落、该村村民收入 80% 来自本村企业。这一活动的实施壮大了村级财力，带动了村民致富。2012 年，全村工农业总产值 4.5 亿元，人均纯收入 1.1 万元，上缴税收 4000 多万元。昔日贫困村，一跃成为远近闻名的小康文明村。

又如，广东省佛山市南海区河清四村牵头帮扶广西壮族自治区上林县开展贫困村创业致富带头人培训、发展智能养鱼产业。项目建成后，将带动上林县近万户贫困家庭脱贫致富，户均年收益 2 万—10 万元。再比如，山东省东莒太阳能有限公司帮扶甘肃省临洮县三益村发展光伏产业。此项目总投资 2.7 亿元，将建设 25 兆瓦的光伏电站一座，5.9 兆瓦的分布式电站一座，温室大棚 400 座。项目建成后，将带动当地 1000 户无劳动能力贫困家庭摆脱贫困，解决 400 户有劳动能力贫困家庭从事种植、养殖等农牧产业，户均年收入 6 万元。

3. 能人带动

能人带动，指的是民营企业的能人带动致富。近年来，农村基层干部的文化素质有了明显的提高，许多人通过自主发展，办厂建企业，成为村里脱贫致富的带头人。这些能人通过自己的努力，不断扩大企业规模，积累了丰厚的产业和丰富的经验。他们不仅自己富起来，而且还带动村里的人富起来，起了先锋模范带动作用。这些办民营企业的能人，来自草根阶层，对贫困农民有深刻的辐射带动作用。他们不仅可以吸收农民进厂当工人，为村民提供就业机会，而且也在观念和意识上对村民加以带动渗透，使村民自觉地在观念和生活方式上模仿和接近能人，树立起自力更生的自主脱贫意识，积极投入到市场经营中来，学习市场经营的经验，从而改变单纯依靠政府的懒贫观念，加入到脱贫致富的行列。

案例一：

山东省莒县陵阳镇陵阳街村是全国创建文明村镇工作先进村镇、中国百强村、中国最美休闲乡村、中国科普教育基地。陵阳街村的发展可以用"以工富农、以农促工、文化兴村、旅游惠民"这 16 个字来概括。

20 世纪 80 年代，陵阳街村还是当地有名的贫困村，穿衣靠补丁，吃饭靠救济。当时村党支部书记马先富依靠党的好政策在外地做生意先富起来，但是看着村里的乡亲们过穷日子，心里很不舒服。为了帮助村里尽快富裕起来，1984 年，马先富把自己在外地经营的三个企业全部无偿捐给了村集体，回到村里带领大家共同创业致富。借着改革开放的东风，陵阳街村的企业很快从 3 家发展到 13 家，1993 年就实现工业产值过亿元。20 世纪 90 年代，陵阳街村立足陵阳蔬菜之乡的优势，与韩国、匈牙利客商合资建成了日照东莒果菜食品有限公司等 3 家合资企业，做起了蔬菜存储加工出口生意，让产品走出了国门，让外汇走进了陵阳街村。现在村里建起了一次可储存 1 亿公斤果蔬的冷藏加工区，开发了万亩绿色瓜菜出口创汇基地，配套建起了近万平方米的瓜菜批发市场，西瓜、西红柿、西葫芦、大姜、绿芦笋成为中国绿色食品发展中心认定的 A 级绿色食品，统一注册了"陵阳河"牌商标，产品远销国内外。2014 年，全村年工农业总产值突破 30 亿元，集体经济收入超过 2600 万元，农民人均纯收入达到 25600 元。

村里企业发展起来后，马先富带领村"两委"班子立足村情大力发展文化事业和特色产业。陵阳街村是大汶口文化陵阳河遗址的所在地，这里诞生了中国最早的文字，将中华文明向前推进了 1500 年；这里出土了世界上最早的酿酒器，是酒文化的真正发源地。为了挖掘和发扬陵阳河文化，陵阳街村和中国社科院考古研究所合作建成了鲁东南考古研究中心和陵阳河文化博物馆，这也是中国社科院考古研究所第一次和村级集体合作。同时，陵阳街村积极打造高端农业产业，发展桂花特色产业。桂花文化在我国底蕴深厚，中秋赏桂已经成为老百姓的一种习俗。陵阳街村从 2003 年开始瞄准桂花产业，打造北方的桂花特色村，并在每年的中秋佳节来临之际在村内举行桂花节，以桂为媒，以桂招商。2014 年，陵阳街村举办的"中国陵阳桂花节"被山东省节庆咨询委公布为山东省重点保护的节庆活动。

"一个人富了不算富，大家富了才是真正富；一个村富了也不算富，所有的农村都富了才是真正富。"这是马先富一直秉持的理念，也是陵阳街村百姓的共识。因此，陵阳街村富裕起来后，每年都会坚持帮扶一到两个贫困村，实现共同发展。

案例二：

江苏省兴化市永丰镇华良敷料厂是一个股份制私营企业，1999 年投产，拥有资产 160 万元，职工 48 人，2000 年实现产值 180 万元，利税 25 万元（利润 15 万元，税收 10 万元）。这个厂是兴华市永丰镇老促会（老区建设促进会的简称）办的"先富带后富"示范点。两年共吸收贫困户 22 户进厂务工，2001 年一般人均年纯收入已达 4000—5000 元，高的 8000 多元，低的 3000 多元。进厂的贫困户普遍反映："厂长带领我们脱贫致富奔小康，是我们的贴心人。"厂长宋志良是农民出身，思想境界高，对扶贫工作非常热心、关心。他说："我已开始富了，富了不能忘记党的领导，不能忘记贫困乡亲。"他主动参与社会扶贫，为党和政府排忧解难，带动了贫困群众致富。他的做法是落实进厂对象和因人制宜定岗位。

落实进厂对象。落实进厂对象，主要是精准选择贫困户进厂。通过大量的思想政治工作，按照政务公开的要求，坚持群众路线，落实贫困户进厂对象，做到户、村、厂、镇满意。1999—2000 年共帮扶贫困户进厂的有 12 个村、22 户。其中，残疾 3 户，孤寡 2 户，因病致贫 2 户，单身 6 户，特困 9 户。落实这些贫困户进厂深受广大群众的赞扬。

因人制宜定岗位。这个厂的主产品有棉条、棉球，均属于半成品。产品销路很好。进厂的 22 人，厂方根据各人所长，因人制宜，合理分工，按劳分配，工资逐月兑现。厂长宋志良表示，对已进厂的贫困户帮扶到底，今后再扩大帮扶贫困户 20—30 户。

4. 电商带动

电商带动，是利用电子商务带动扶贫脱贫的模式。随着互联网的普及，尤其是近 5 年来，电子商务在中国城乡社会呈现出快速发展的态势，现在已真正成为一个"互联网 +"的时代。"大款"借助互联网，整合贫困地区的特色农副产品进入市场，从而使贫困地区的农副产品被外界广泛熟知和认购，由没有销路的"死品"变成了私人订制的奢侈品。这是通过电商带动，贫困地区的农副产品从田园到餐桌有了互联网的全程监控，消费者才吃得放心，用得放心。这既带动了贫困农民增加了收入，也使消费者得到了实惠。

"聚茶园"项目，是典型的电商带动脱贫的案例。电商这个"大款"，借助互联网整合了贫困茶农，使消费者以私人订制的方式购得了货真价实的茶叶，从而带动了贫困茶农脱贫。

在当前脱贫攻坚进程中，傍"大款"的案例还有很多。傍"大款"，目标是引导民营企业等市场扶贫主体有效合理地带动贫困群体共谋发展，早日脱贫。在双方携手发展过程中，需要关注几个关键问题：一是民营企业等市场扶贫主体要打造自身品牌，在发展中激励贫困农户积极参与；二是政府、银行等机构为贫困农户保驾护航，为帮扶企业开绿灯；三是不断增强贫困农户自身素质，通过技能培训、加强组织管理，增强抵抗风险的能力；四是警惕社会资本对贫困农户利益的盘剥，以合约的形式明晰双方权利义务，规范模式设计，充分发挥带动帮扶作用。

三、培育"卖货郎"

以前，在偏僻的农村，走乡串村的卖货郎很多，他们的拨浪鼓声，响亮清脆，萦绕于村子上空。"一个扁担两个筐，三五成群走四方。拨浪鼓子叮当响，扣子鞋带一样样。日出山头天又亮，叫卖声里生活忙。"货郎的身影,是乡村一道独特的风景。随着时代的进步,农户超市对接的快速发展,传统的卖货郎已风光不再,逐渐淡出了我们的视线。

乡村卖货郎

乡村货郎摊

随着"互联网＋"时代的到来，农村电商成了众多电商巨头眼中的下一块蛋糕，也成了贫困地区加快脱贫步伐的突破口。然而，在农村电商快速布局、高速增长的同时，电商人才的缺口却在不断增大，农村电商发展正因人才缺乏面临着"有劲使不出"的尴尬局面。因此，积极引导、培育农村电商人才，是农村区域发展、贫困地区加快脱贫步伐的关键环节，笔者称这些农村电商人才是新时期的"卖货郎"。

"卖货郎"在贫困村扶贫脱贫中扮演着重要的角色。目前，在广大贫困地区，多数贫困村驻扎的是"386199 部队"（38 代表妇女，61 代表儿童，99 代表老人），想要把城市互联网的发展模式搬到贫困村是行不通的。帮助村民代买代卖，包收快递，把老乡们的纯天然、无污染特色优质农副产品卖到城市里，让农村的产品走出去，让城市的产品走进来，这是新时期"卖货郎"的职责与使命。因此，新时期的"卖货郎"身兼三重角色，即管理员、快递员和经纪人，他们是真正打通农村电商扶贫"最后一公里"的关键所在。

（一）"卖货郎"的培育背景

培育"卖货郎"，有着政策和市场的双重利好背景。

2015 年 8 月 21 日，商务部等 19 个部门联合印发《关于加快发展农村电子商务的意见》，出台多项举措，支持电商、物流、商贸、金融等各类资本发展农村电子商务。

国务院总理李克强 2015 年 10 月 14 日主持召开国务院常务会议，决定完善农村及偏远地区宽带电信普遍服务补偿机制，缩小城乡数字鸿沟；部署加快发展农村电商，通过壮大新业态促消费惠民生；确定促进快递业发展的措施，培育现代服务业新增长点。

阿里研究院与淘宝商学院联合发布的《县域电子商务人才研究微报告》指出，未来两年县域网商对电商人才的需求量将超过 200 万人，运营推广、美工设计和数据分析三类人才将面临巨大缺口。

要在贫困村大力发展农村电商，就要选拔培养一批有一定农村经验、有一定电商专业技能的"卖货郎"，这对于贫困村、贫困户脱贫致富至关重要。

（二）"卖货郎"的培育定位

新时期的"卖货郎"培育，要懂农业、懂农村、懂农民、懂电商、懂管理，理解贫困农村的发展需求，热心贫困群体脱贫致富事业，最终成为贫困地区贫困村致富带头人。

1. 贫困村的电商管理员

农村电商是一个系统化的工程，涉及农副产品的选择、种植养殖、宣传推广、售后服务等各个环节，这对"卖货郎"的综合素质提出了较高要求。目前农副产品及服务主要依托于 B2B、B2C、C2B 平台来销售，近几年的移动客户端销售也逐渐成为一大业务板块，这就要求我们的"卖货郎"能熟练操作利用这些平台。电子商务不同于传统商务的思维，需要"卖货郎"站在客户的角度思考农副产品的发展等问题。凡此种种都要求"卖货郎"具备农村电商综合管理员的素质。

2. 贫困村的快递员

对于贫困农村电子商务的发展来说，最重要的基础设施建设不外乎交通条件和网络建设。虽然伴随城乡一体化的推进，贫困地区的交通状况有了明显的改善，但是仍有大片区的贫困村道路没有得到及时修缮。交通状况差，直接阻碍了物流的深入，导致城市的商品进不去，农村的产品出不来。同时，贫困地区的网络覆盖率低直接导致了农村电商发展缓慢。因此，我们的"卖货郎"也必须身兼乡村快递员的角色，把城市的财富带回村里，把农村的生态送进城里。

3. 贫困村农民的经纪人

我们培育的"卖货郎"，一方面承担"代买"工作，帮助有需求的贫困农民代买、代购生活所需用品；另一方面承担着"代卖"工作。贫困地区的特色优质农副产品及其服务，要借助互联网来宣传，"卖货郎"要能对各种农副产品的市场需求进行调查统计，同时对各种农副产品有进行商业化包装、创立自有品牌的意识，能为贫困农民的农副产品"贴金"，能最大限度提高这些农副产品的附加值。因此，"卖货郎"是贫困村农民的代言人、经纪人。

案例：

京东诞生第一千名乡村推广员

李小刚是安徽省巢湖市一个偏远村庄的村民，2015 年，他的生活重点正在悄无声息地变化着，他现在的愿望与往年不同：怎样让村民们享受网络购物的便捷服务？李小刚的变化，源于京东集团的"电商下乡"，他在这次大行动中，成为第一千名京东乡村推广员。

京东第一千名乡村推广员李小刚

李小刚常常思考，怎样让村民们享受到大家电送到家门口的服务，把电商物流配送链条延伸至安徽省巢湖市这个偏远的小山村。"村民买大家电还是比较信任京东的，我脑子里有好多计划，趁过年期间外出打工的年轻人回到家乡，赶快把京东商城物美价廉的商品推广到每家每户，改善村民家里的生活配置。"

　　让李小刚没想到的是，自己会成为京东集团全国第一千名乡村推广员。他看新闻得知，国家领导人也认可京东为农村市场服务。一股创业热情让他干劲儿满满。李小刚提到的新闻，是国务院总理李克强在听取京东集团总裁刘强东发言时对农村电子商务的发展和京东电商下乡表示高度关注并寄予厚望的报道。李克强总理表示："村里人也应该与城里人享受同样的消费服务。"

　　乡村推广员，是京东集团 2014 年渠道下沉的重要抓手。通过激励机制，邀请懂网购、人缘好、有影响力的农村消费者，加入京东电商下乡的队伍，成为电商下乡的主力军。李小刚每天都会向乡亲们聊京东，聊网购，帮乡亲们在京东商城下单。

乡村推广员李小刚每天都会跟乡亲们聊京东，聊网购

　　京东集团乡村推广员如同京东集团无数的"神经元"，活跃在全国各个村落。这些"神经元"由县级服务中心统一管理，统一培训，统一考核。作为京东集团电商下乡的统管中心，县级服务中心是京东集团由线上向线下拓展的标志和大胆尝试，这是一个多业务承载模式，管理人员包括配送站长和乡村主管。由乡村主管对当地乡村推广员进行培训、管理，乡村推广员既是销售员、售后服务员、物流配送员，也是京东集团的信贷员。

（三）"卖货郎"的培育原则

可以这么说，新时期"卖货郎"的数量和能力决定了贫困村电商发展的方向和成熟度。培育"卖货郎"，是个庞杂的系统工程，以小康学院为主，需要政府、社团组织、企业、学校等多方协力、多措并举，逐步建立起适应贫困地区贫困农村电子商务需求特点的"卖货郎"培育体系。

1. "引""育"并重

快速培育"卖货郎"，需要坚持"引""育"并重的培育原则，要处理好"卖货郎"人才的引进和培育的关系。之所以这么讲，是因为人才培养绝非一蹴而就，需要一定的周期，而脱贫攻坚工作又时间紧、任务重，所以引进和培育需要齐头并进。"引"最主要的是引进能"接天线"的人才，能对接大城市电商圈和最新发展趋势的人才；"育"则是着力培育"接地气"的人才，能熟知农村电子商务实际，能整合、挖掘贫困村农副产品资源的人才。

贫困地区在引进人才方面有先天优势。据统计，截至 2015 年初，国家各级政府机关、单位派驻全国各贫困地区的驻村工作队人数达 43 万人，其中为 12.8 万个贫困村派驻了 17 万第一书记，基本实现贫困村派驻全覆盖。派驻工作队的目的是帮助贫困村快速发展，摆脱贫困。这些驻村第一书记是"卖货郎"培育首先应该重视的"引进人才"，再由第一书记遴选本村脱贫致富带头人作为培育重点。

2. 实践育才

"卖货郎"要立足于在实践中接受锻炼和培育。新时期的"卖货郎"存在供需矛盾，这是客观现实。基于这一现实挑战，我们认为除了积极发挥驻村第一书记从事电商创业的优势之外，还要更加注重在实践中培养本地、本村的"卖货郎"。比如，在培育过程中，借助贫困村自身资源，合理安排网商俱乐部沙龙、企业互访等灵活可行、形式多样的交流分享课程，通过实践交流来培育人才。

3. 依市场需求育人

世界上所有的富裕地区的发展大致一样，但世界上所有的贫困群体却千差万别。这种差别，要求坚持在贫困地区培育农村电商人才时，以市场需求为导向，更加注重多样化的电商人才。作为农民经纪人的"卖货郎"，需要掌握的不仅是一般性的操作技能，更需要掌握管理、市场调研等技能。

总体来看，新时期的"卖货郎"是乡村管理员、快递员和农民经纪人，每一个角色都需要依据本地的产业特色，调研市场需求，合理设计培育。

4. 强调实用性育人

我们培育"卖货郎"，要放眼贫困村长远发展，要有针对性地培育贫困村的电商实用人才。从本质上讲，贫困村资源与城市社区资源有相似之处，但又有很大区别：城市社区资源更多强调的是消费者与用户，而在贫困农村，农民既是消费者又是生产者，城里人需要的商品他们也需要，农作物既可以在集市上直接供给终端消费者，又可以卖给商家。这使得供应链进一步下沉与延长，同时贫困农村与商家之间又是一种双向的供需关系。因此，从长远发展着眼，培育"卖货郎"必须注重培养方式的实用性和针对性，既充分依托贫困农村本地的传统业务，又充分发挥互联网在信息服务方面的优势，从而真正培养出为贫困村脱贫所急需的实用人才。

四、搭建"田盒子"平台

2014 年底召开的全国扶贫工作会议上，电商扶贫首次被正式纳入国家的扶贫政策体系和工作体系，是国务院扶贫办十大精准扶贫工程之一，足见其重要性。毋庸讳言，电子商务对于许多专职的扶贫工作者来说是一个全新的领域，对于许多贫困地区的贫困农民而言，更是以前从未接触过的脱贫途径。如何有效借助电商脱贫，笔者以为，关键是搭建一个由政府指导，企业、社会广泛合作参与的贫困地区特色优质农副产品采销平台，也就是搭建一个"田盒子"平台。

"田盒子"是个形象的说法，喻指贫困地区的农副产品经相应程序处理后，最终以"田"字形盒子（见"扶贫1号店"示意图）来包装，走向城市、走向市场、走向消费。一个或几个"田盒子"将代表一个县农副产品的集合。一般来讲，"田盒子"平台上的贫困村农副产品以私人定制的方式售卖，因此，盒子材质、设计、产品种类等依实际需求而定。目前，国务院扶贫办正在积极推动"田盒子"平台建设，与各大电商企业合力打造"扶贫1号店"。

"扶贫 1 号店"示意图

（一）"田盒子"平台搭建的制度背景

2015 年 3 月，李克强总理在政府工作报告中提出了"互联网＋"行动计划；5 月，国务院出台的《关于大力发展电子商务加快培育经济新动力的意见》中提出了"电子商务要进农村"和"要积极发展农村电子商务"的意见；9 月，商务部等 19 部门联合发布《关于加快发展农村电子商务的意见》，提出在未来 5 年内，培育一批具有典型带动作用的农村电子商务示范县。农村电商涉及农业经济发展、农村基础设施建设、农村物流、农民就业和农民生活品质提升等，它正在逐渐改变农村经济发展方式和农民生产生活方式，并业已成为增强经济活力、推动产业结构调整、转变经济发展方式的重要切入点。当前，随着互联网向农村加速渗透，农村电子商务正逐渐由消费领域向生产领域拓展延伸。政策层的重视、移动互联网的下沉发展，以及工业品下行、农副产品上行的趋势将进一步激发农村电商市场的潜力，而电商巨头纷纷将目光集中到县域，这将会是完善贫困农村电商基础设施、带动产业发展的机遇。

"电商扶贫"作为农村电商在扶贫领域的有益探索，是政府通过帮助扶贫对象开办网店等电子商务方式达到减贫与脱贫目的、带动当地产业发展的一种实践活动，也是互联网时代扶贫方式的一种创新。国务院扶贫办将电子商务纳入扶贫开发体系，并大力推进电商扶贫工程，有效提高了扶贫绩效。目前，已有山东、甘肃、河北等多地印发"电商扶贫"文件，将通过在贫困村设立电商扶贫实验基地、采取"平台 + 园区 + 培训"等方式，整合贫困地区优势产品对接市场。

2016 年 1 月，国务院扶贫办与京东集团在北京签署《电商精准扶贫战略合作框架协议》。协议约定，京东集团将携手国务院扶贫办业务主管社团中国扶贫志愿服务促进会（筹），合力打造"扶贫 1 号店"。

"扶贫 1 号店"依据全国 832 个贫困县的优势资源，将以消费扶贫的方式，为贫困地区的特色优质农副产品找到销路，为贫困地区群众脱贫致富找到通路。签约双方计划在京东商城设立"扶贫 1 号店"，合力将其打造成标准化、可追溯的农副产品采销系统，尽快形成全国著名品牌。

国务院扶贫办与京东集团电商精准扶贫战略合作签约仪式

（二）"田盒子"平台搭建的功能定位

搭建"田盒子"平台，其实质就是建立一个交易平台、对接平台和信息平台。借助这个平台，使城乡之间商品互通，让生态进城，财富进村，使社会扶贫资源之间有效对接，让"我需要帮助"的受助方和"我想要帮助"的援助方牵手帮扶，使国家的系列扶贫政策被社会了解，让贫困户知道通过这个平台能够脱贫致富。

搭建"田盒子"平台，要注重突出交易和对接功能，操作简单便捷。该平台在设计之初应充分考虑移动客户端的应用需要，要可以通过手机进行数据录入、查询及平台操作。根据平台上的交易记录建立"功德簿"，量化帮扶机构和个人的扶贫工作，形成数据库，通过积分排名表彰，激发社会爱心人士和机构的荣誉感和参与积极性。"田盒子"平台的搭建，还应充分结合扶贫系统的顶层设计，比如驻村工作队、驻村第一书记可以通过平台开展扶贫工作，同时也能记录自己在平台上所做的每一件事。这也将为驻村工作队、驻村第一书记的工作考核提供参考。

（三）"田盒子"平台搭建的先天优势

1. 电子商务日益受人青睐

电子商务发展到今天，已让很多人从中受益，并日益受到青睐。县域电商、农村电商战略布局越广，就越有利于"田盒子"平台的建设。大量实地调研和电商平台的数据表明，在许多贫困地区，群众当前利用电商开展在线销售的比例虽然还不大，但已有一定数量的人在利用电商网上购物，从中获得关于电子商务的直接体验。买得到、买得对、买得实惠，本身也是搭建"田盒子"平台的效果体验。而且，网上购物规模的增加，还可以培育人的电商意识，促进本地区电商基础设施建设，使物流辐射更广，为更多贫困人口参与网上产品购销创造更好的条件。

2. 平台建设实践爆发式增长

虽然政府层面通过制定政策自上而下推动平台建设还在试点，但发自社会、市场自下而上的平台建设实践却早已发展起来，很多电商村爆发式地增长，让贫困地区的人们对电商平台的脱贫致富功能抱有信心，这为搭建"田盒子"平台奠定了现实基础。

3. 国务院扶贫办列为精准扶贫工程

自 2014 年以来，电商扶贫得到国家各级政府、扶贫办领导的高度重视，已被国务院扶贫办列为精准扶贫工程。对于电商扶贫，地方政府也显示出很高的积极性。有的地方主要领导同志以不同方式向国家扶贫主管部门提出作为电商扶贫试点的要求，有的地方已经将电子商务与精准扶贫结合起来作出工作部署，有的地方围绕电商扶贫已经进行了多方面的探索。这些都为搭建一个综合性的"田盒子"平台提供了保证和支持。

总之，搭建"田盒子"平台，是脱贫攻坚战的现实选择，平台搭建的基本条件业已具备，正面临着难得的发展机遇。

（四）"田盒子"平台搭建的路径选择

1. 政府支持，社会参与

搭建"田盒子"平台，离不开地方政府的支持。目前，各大电商巨头都将"渠道下沉"定为公司的重大战略，开始走与地方政府合作的路子。贫困地区政府应该抓住这个契机，努力盘活本地区的农业经济，寻找脱贫致富的新亮点和经济转型升级的新引擎。同时，也应该充分发挥行业协会、合作社、村委会、扶贫龙头企业等社会力量的作用，通过设立公共服务机构挖掘本地区的特色优质农副产品。"田盒子"平台由政府与社会力量共建，政府积极推动并提供指导，社会力量主动与京东集团等综合性电商服务商对接，共同进行平台的开发和建设。

2. 村建点，县建网

在"田盒子"平台研发的同时，应紧密结合京东集团的"一村一品一店"扶贫项目和千县万乡百万农庄计划的付诸实施。依托这些项目、计划，以行政村为单位，每个贫困村建立一个村级电商服务点，进而构建覆盖贫困县全县（市、区、旗）的县级电子商务服务网，实现"生态进城，财富进村"的双向互通。村级电子商务服务点，可以针对贫困农村留守老人多、缺少上网条件和技术的现状，为贫困村民提供网络代购和农副产品进城服务。比如，在网上代购日用生活品、农用生产资料，代销本地本家的特色农副产品，代缴话费电费，开展农业科技和信息技术培训等服务。

县级电子商务服务网，主要致力于建设并维护管理贫困村物流配送服务体系，结合扶贫系统资源组建物流配送团队，收集各个村级电商服务店信息，建成网络终端数据库，以备随时掌握每个站点的经营动态。

3. 立足本地，不断创新

搭建"田盒子"平台，首先应聚焦贫困县，通过与示范村、示范户对接，不断放大平台帮扶带动效应，带动本地形成发展电商的浓厚氛围。把贫困户、"两后生"、残疾人等帮扶对象和平台服务对象精准对接，达到精准扶贫的效果。通过扶持从事电商经营的龙头企业、网商经纪人、致富能人、种养殖大户、专业协会等电商主体，带动农副产品销路畅通和贫困户的增收就业。

4. 注重育才，提供持久支撑

电商扶贫，核心在人才。人才匮乏已经成为制约农村电商发展的最大障碍。引进和培育新时期的"卖货郎"，可以为搭建"田盒子"平台提供持久支撑。关于这一点我们只做提示，不再赘述。

搭建"田盒子"平台，有助于扩大贫困村脱贫致富的发展半径，降低市场准入门槛，集合市场的零星需求，必将为贫困地区带来跨越式的脱贫发展。因此，抓住搭建"田盒子"平台这一时代契机，以市场为导向，不断引进和培育新时期的"卖货郎"，同时辅之以覆盖全域、全程、综合配套、便捷实惠的基础设施建设，贫困地区"弯道超车"将成为可能。

第五章

"决战2020"的基本团队

郡县治则天下安。从古至今，治国安邦促进社会发展，县一级居于重要地位。习总书记在与全国优秀县委书记的座谈中，多次强调了县级机构在整个扶贫事业中的重要性。他指出，在我们党的组织结构和国家政权结构中，县一级处在承上启下的关键环节，是发展经济、保障民生、维护稳定的重要基础，也是干部干事创业、锻炼成长的基本功训练基地。《中共中央、国务院关于打赢脱贫攻坚战的决定》，也十分明确地强调了县级党委和政府在扶贫脱贫工作中必须承担主体责任。总之，脱贫攻坚，决战2020，县级党委和政府是基本团队，起着中坚作用。

一、脱贫攻坚的关键环节

我国目前有 832 个贫困县，其中有 592 个国家级贫困县，绝对贫困人口占全国总人口的 10% 左右。中央要求，脱贫攻坚，要夯实组织基础，省、市、县、乡、村"五级联动"，这样一个组织设计，决定了县级党委和政府成为关键环节。

（一）党政机关的末端环节

《中共中央、国务院关于打赢脱贫攻坚战的决定》明确划分了每一级的工作职责和工作要点：省级党委和政府对扶贫开发工作负总责，抓好目标确定、项目下达、资金投放、组织动员、监督考核等工作。市（地）级党委和政府要做好上下衔接、域内协调、督促检查工作，把精力集中在贫困县如期摘帽上。县级党委和政府承担主体责任，做好进度安排、项目落地、资金使用、人力调配、推进实施等工作。中央之所以如此设定，是由县级党委和政府的末端环节特性决定的。

中国的行政组织机构，由中央到省、市、县（州）、乡（镇）、村，分为六级，而在这六级组织机构中，县一级是具有完整的机关部门的最下一级，乡、村没有完整的部门设置，而只有相应的人事职责。所以，中央、省、市（地）党委和政府的政策、决定的推进实施和落实，主体责任自然落在了县级党委和政府的这一级末端环节上。

县级党委和政府是我国各级党委和政府中最为基本的一级，也是我国组织机构、职能配置最为完整的末端环节。县级党委和政府的职能，决定了其能够充分调动政治、经济、文化和服务等全方位扶贫脱贫资源，这是乡、村一级所不具备的，省、市（地）关于扶贫资金、政策、项目引进等扶持措施，最终都要靠县级党委和政府领导班子的工作去落实到位。所以说，县级党委和政府是整个脱贫攻坚工作中的末端环节，也是最为重要的环节。

我们从一些案例中就可以清楚地看到作为党政系统末端环节的县级党委和政府的重要性了。

我国现阶段在扶贫脱贫工作上存在的一些偏差，主要体现在县一级行政组织机构在某些具体政策执行中发生的偏差。例如，为了争取获得贫困县的称号，获得更多政策扶持而虚假上报财政状况；有些县已经不符合贫困县的标准，但是为了享受政策资金的补贴而不把贫困县这个帽子摘掉，这不仅浪费了国家财政资源的有效运用，而且使得我国贫困状况统计数据和决策不准确；还有一些县采用非合作的博弈方式，严重影响了国家扶贫政策的严肃性和有效性。另外，还有一些县为了一时的政绩，大肆修建劳民伤财的面子工程、形象工程，这不仅没有对当地贫困状况的改善起到作用，反而使得贫困群众怨声载道。这充分说明了，国家对于扶贫脱困的利好政策、对于贫困地区资金的调配，县级党委和政府如果不能正确地落实和贯彻，就会严重地影响到脱贫攻坚的前进步伐。

相反，我们看到了很多县级领导班子，他们充分利用国家给出的利好政策和资金，积极为贫困群众谋划设计，开展了有效的精准扶贫工作，获取了很多成绩。例如，有些县利用扶贫财政资金开展金融精准扶贫项目，以政府为担保主体，向贫困群众实施财政贴息的小额贷款，促进了当地有项目、有想法的群众自主创业，大大增加了群众收入。由于有了金融精准扶持做基础，他们积极吸引龙头企业、劳动力密集型或资源密集型的高产能项目进入贫困地区进行投资，在更大程度上提升了县域经济发展和贫困人口增收，也实现了扶贫大格局中所提倡的从"输血"到依靠内生动力自主"造血"的基本理念。再如，一些县积极转变观念，综合利用县域内以及上级给予的一切优质资源，打出一套套组合拳，切实做到了资金帮农、政策惠农、服务为农。

所以，必须要清楚地认识到这一点，县级党委和政府处于党政机关的末端环节，承接着中央、省、市的一切扶贫脱贫政策和资金，这些政策和资金能不能落实下去，能不能落实得好，全靠县级领导班子的工作。县级党委和政府，必须以对中央负责的精神，铁定用心，不负期望。

（二）统筹攻坚的首脑环节

国家对于贫困地区的统计，是以县为最高统计单位的。这样的统计区分，是合乎中国贫困地区实际的。不论是 832 个贫困县，还是 592 个国家级贫困县，脱贫攻坚的首脑是县级党委和政府，因此，打赢脱贫攻坚战，县级党委和政府无可置疑地成为首脑环节。

这种首脑环节，是由诸多方面的原因决定的：一是乡、村两级组织人力有限，由于没有健全的机构设置，乡、村两级组织脱贫攻坚的领导力量显得不足，无力筹划、无力组织、无力协调、无力实施；二是乡、村两级组织财力有限，国家财政对接县级财政，乡、村两级组织的花销经费来源于县财政，加之处于贫困状态，这就导致乡、村两级组织无力调配资金实施扶贫脱贫工作；三是乡、村两级组织能力有限，由于贫困地区交通阻塞，公共设施落后，信息闭塞，加之乡、村两级组织处于最基层，政策水平、思想观念都较为滞后。乡、村两级组织的这种状态，使得县级党委和政府的首脑作用极为重要。

作为贫困县脱贫攻坚的首脑环节，县级党委和政府必须树立强烈的责任感、使命感，敢于担当，主动作为。要像习总书记讲的那样，心无旁骛、聚精会神地抓好扶贫脱贫工作，团结带领广大群众通过顽强奋斗早日改变贫困面貌。作为首脑环节，县级党委和政府的关键是发挥好大脑作用。要思考本县穷在哪里，为什么穷，要把穷根找出来，找准确；要思考本县有哪些优势，怎样才能富，要把富道找出来，找科学。要开动脑筋，搞好统筹谋划，真正弄明白哪些任务依靠自力更生可以完成，哪些需要依靠上级帮助和支持才能完成，做到扬长避短，增强脱贫致富的主动性、效率性、持久性。

首脑环节要作出模范带头和示范作用。首先，要端正县级党委和政府工作人员的思想认识和工作态度。认真学习习总书记一系列扶贫讲话精神，领会精神实质，自觉指导脱贫攻坚行动。原原本本地把党中央、国务院的政策落实好，一丝不苟。树立脱贫致富、加快发展的坚定信心，发扬自力更生、艰苦奋斗精神，坚持苦干实干，坚决改变面貌。其次，明确各阶段的工作目标、工作重心，只有明确了目标和重心，才能明确工作方向，将工作有条不紊地开展下去。健全完善工作目标责任制，按照习总书记和中央对于扶贫脱贫工作的要求，重构工作绩效考核指标体系。根据本县的实际情况，先由县内各个部门、单位协商工作进度和目标要求，明确一定时期内要完成的脱贫总目标，然后层层逐级分解，使一定时期内的扶贫脱贫总目标分解到各个部门、各个单位，进而最终落实到每个人。通过这种目标责任制，来明确每个部门、每个工作人员的责任，以充分调动所有人员的积极性和创造性。

（三）承上启下的中间环节

省、市、县、乡、村五级联动，是脱贫攻坚决战 2020 的工作机制和方法，目的是通过自上而下一体化的监督带动全面脱贫工作的开展，使每一个环节都能够充分自觉地发挥应有作用，从而达成决战目标。

五级联动，处于中间位置的正好是县级党委和政府。如前所述，县级党委和政府是从中央到县行政系统的末端环节，又是从县到乡村的首脑环节，起着承上启下的中间环节作用。从五级联动的脱贫攻坚体系看，也只有县级党委和政府既是贫困县脱贫攻坚的聚焦点，又是脱贫攻坚的发力点。习近平总书记曾经说过这样一段话："当县委书记一定要跑遍所有的村，当市委书记一定要跑遍所有的乡镇，当省委书记一定要跑遍所有的县区市。"而脱贫攻坚，最终是所有贫困村的贫困人口脱贫致富，这正是县级党委和政府的发力范围。省和市这两级党委和政府，主要是谋划、制定政策，调动资金，提供保障，指引方向，而县级党委和政府则是需要把省、市两级党委和政府的所有政策承接传递，并将之具体落实到乡、村。由此可见，县级党委和政府是脱贫致富、发展经济、保障民生、维护稳定、促进国家长治久安的基础，在整个五级联动的体系中承担着承上启下的重要作用。

县级党委和政府处于中间环节，承上启下，可谓上面是政策，下面是群众，两面都得负责。既要确保上级政策落实好，也要确保基层服务好。为此，县级党委和政府要准确定位，努力做好衔接工作，于点滴之处发挥好这种承上启下的关键作用。

一方面要做政治的明白人，不断学习理论知识，加强理论修养，始终同党中央在思想上、政治上、行动上保持高度一致，恪尽职守，在脱贫攻坚战中经受住考验。一方面要保持一颗公正廉洁的心，不以权谋取私利，不损害农民利益。脚踏实地地做好每一份工作，善于与乡、村两级干部交朋友，与他们一道总结经验教训，一道摸索适合不同乡、村的脱贫致富方法。为贫困农民讲话，站在贫困农民的立场，用贫困农民的思考方式切实思考贫困农民的实际问题。善于与贫困农民交流，耐心讲透政策，赢得贫困群众的心，获得他们的支持和理解。

2016 年是"十三五"的开局之年，又是打赢脱贫攻坚战的元年，县级党委和政府发挥承上启下作用，还应把握好以下工作：一是县级领导班子要全面评估"十二五"时期县域内扶贫脱贫规划的完成情况，弄清已有的家底，找准存在的差距和问题，为"十三五"期间脱贫攻坚奠定良好基础，铺好底子。二是准确把握上级对县级"十三五"规划编制工作的总体要求，明确工作方向，结合县域内贫困实际情况，切实搞好与上级部门的有效衔接，确保更多的产业扶贫项目进入上级规划。三是全面推动脱贫攻坚工作开展的同时，要有侧重地选取一些主体项目、重点项目，加大脱贫攻坚力度，使之成为县域内的龙头产业，带动全县经济社会快速发展，以项目的实施促进脱贫规划的有效落地。四是深入调研，做实本县的脱贫攻坚规划编制工作，打好"承上启下"基础。调研是理清脱贫攻坚思路的前提和基础。未来5年，如何脱贫攻坚、建成全面小康社会，如何深化改革，如何承接产业转移，如何争取项目支持，都需要在编制脱贫攻坚规划时，经过深入研究，深层次分析，准确把握，找准着力点和突破口。五是强化县级党委和政府的军令状意识，端正领导工作思想和态度，杜绝思想中出现的一切偏差问题，确保脱贫攻坚的有效实施，为整个五级联动的脱贫攻坚战做好贡献。

二、脱贫攻坚的"一线指挥部"

"一线指挥部"，是习近平总书记对县级领导班子的形象称谓。他一再强调将县级政权置于国家治国理政的重要位置，并指出："县委是我们党执政兴国的'一线指挥部'"，"县级政权所承担的责任越来越大，尤其是在'四个全面'即全面建成小康社会、全面深化改革、全面依法治国、全面从严治党进程中起着重要作用。""一线指挥部"这一角色定位，完全符合县级党委和政府在脱贫攻坚中的职责特征和本质要求。

本节从"一线指挥部"的双主体责任制、双主体责任人和"一线指挥部"的总指挥三个方面，来阐述"一线指挥部"在脱贫攻坚中的角色和作用。

（一）"一线指挥部"的双主体责任制

《中共中央、国务院关于打赢脱贫攻坚战的决定》明确规定，县级党委和政府承担主体责任。这就充分说明，在脱贫攻坚的决战中，县委与县政府是两个关键的责任主体，脱贫攻坚战实行的是双主体责任制。

双主体责任制，是对我国县级政体的准确定位，也表明了我国县级政体的优越性。我国实行的是共产党的一元化领导，中共中央和各级党委是国家和各级政权的领导核心，国务院和各级政府在中共中央和各级党委的统一领导下行使权力。脱贫攻坚战中，《中共中央、国务院关于打赢脱贫攻坚战的决定》明确县级党委和政府承担主体责任，这就保证了可以充分发挥县委、县政府双主体的叠加功效。

一方面要坚持按职责办事。《中共中央、国务院关于打赢脱贫攻坚战的决定》在脱贫攻坚战的基本原则中明确，县委总揽本县脱贫攻坚战全局，充分发挥县委协调各方的领导核心作用。县政府主导脱贫攻坚战行动，强化政府责任，引领市场、社会协同发力。这就告诉我们，县委必须充分发挥总揽本县脱贫攻坚战全局的领导作用，坚持一体化统筹，坚持把住方向，坚持掌控大局。县政府必须按照县脱贫攻坚战的总体安排，主导脱贫攻坚战的计划实施，协调人力，调用资金，安排项目，推进产业发展，务期按照每一个时间节点完成任务。

另一方面要坚持分工合力。县委、县政府都是《中共中央、国务院关于打赢脱贫攻坚战的决定》明确的责任主体，均有着领导本县脱贫致富的使命责任，因此，应在坚持分工施政的同时，合心合力，既不越权，又不推诿，积极主动，主动配合，主动适应，使全县的脱贫攻坚战形成一盘棋，一个心气，一股力量，确保决战决胜。

（二）"一线指挥部"的双主体责任人

脱贫攻坚战，实行县级党委和政府双主体责任制，必然带来双主体责任人，正如《中共中央、国务院关于打赢脱贫攻坚战的决定》所明确的，县委书记和县长是第一责任人。这就是说，县委的第一责任人是县委书记，县政府的第一责任人是县长。双主体责任人，共同承担起脱贫攻坚的历史使命。

当然，双主体责任人，并非是责任半斤八两。由县委和县政府的责任推导，县委书记和县长的责任也是明确无误的，也应按照各自的职责严格履行使命，以县委书记为主导，县委书记、县长互相配合，共同施策。

一是必须始终保持实事求是的工作态度，坚持一切从实际出发，切实结合本县实际情况统筹决策。实事求是，就是要坚持因地制宜、顺势而为，借"他山之石"攻"自身之玉"，消化吸收其他县区成功脱贫致富的工作经验，而不是一味地盲目跟风，生搬硬套成功案例。实事求是，还要求做到科学决策、谋定而后动，充分利用科学规律办事，按照规章制度、程序办事，大胆探索，小心求证，勇于创新，一切决策、措施都要保证能够经得起人民群众和历史的检验。

二是始终保持善于学习、善于思考的工作习惯，通过不断学习，开阔脱贫攻坚的视野和工作思路，提高对阻碍脱贫致富问题的认知、分析和解决能力。要深刻领会党中央、国务院等上级机构的所有扶贫脱贫工作指示、会议精神，善于学习其他成功县区的工作经验，也要善于借鉴一些县区的失败教训，这样才能够保证立足国家全局、谋划本县局部，从大环境、大趋势、大格局中找准本县扶贫脱贫工作的定位，抓住机遇。要善于从长远的角度来思考当前，对当前所做的工作要更多地从普惠性、可持续性的角度出发，衡量决策的利弊得失，吸取多方意见、建议，保持本县脱贫攻坚工作更加具有前瞻性，发展更加具有预见性，杜绝决策偏离党中央的大政方针和本县实际情况。

三是始终保持激情创业的工作精神。当前，国家进入改革攻坚期、矛盾凸显期、经济转型期的"三期叠加"期，这是党和国家的事业发展的一个重大的关节点、转折点，许多新情况、新问题、新态势正在考验着我们县委书记和县长的战略眼光、战略思维，也考验着县委书记和县长对自身所处的历史地位和作用是否有清醒的认识和强烈的责任担当。在这样一个时期，县委书记和县长承担着为贫困地区群众谋福祉的重大历史使命，必须时刻保持蓬勃朝气，把自己当作一名苦干实干家，将全部的时间精力投入脱贫攻坚的干事创业中。同时还需要用科学的方法来维护脱贫攻坚创业的道路，要经常深入乡村基层、深入贫困户开展调研工作，总结好脱贫攻坚干事创业的基本功，增强分析问题、解决问题的能力，要深入基层、落实到基层，对于脱贫攻坚任何问题，要做到亲自过问，亲自协调，亲自监督，全力推动本县扶贫脱贫工作的开展，真真正正为贫困人口谋福祉。

四是始终坚持从贫困群众出发，以贫困群众为本的工作情怀。无论是县委书记还是县长，必须时刻铭记权力从哪来，为了什么用权力，要敬畏人民群众所赋予的伟大权力。要牢记习总书记的教导："穿百姓之衣，吃百姓之饭，莫以百姓可欺，自己也是百姓。"要始终牢记中国共产党的根本宗旨，全心全意为人民服务，时时刻刻把百姓的利益放在第一位。人民群众的事，再小的事也是大事，再难的事也要办好，人民群众都是亲人，只有树立了这个理念，县第一责任人才能真正地把贫困群众的事当作自己的家事来处理。凡事要听取群众的意见、建议，倾听群众的诉求，深入了解群众的需求，把群众的意愿、群众的满意度作为决策部署的基本尺度，确保脱贫攻坚工作的决策，做到民之所望。

五是始终保持如临深渊的危机责任工作意识。习总书记在接受采访时曾经表示，中国是一个大国，人口多，国情复杂，领导者要有"如履薄冰，如临深渊"的自觉，要牢记人民的利益高于一切，牢记责任重于泰山，丝毫不敢懈怠，丝毫不敢马虎，必须夙夜在公、勤勉工作。他同时还强调，干部就要有担当，有多大担当才能干多大事业，尽多大责任才会有多大成就。作为脱贫攻坚战中"一线指挥部"的双主体责任人，县委书记和县长必须要认真履行实践"三严三实"的要求，心中常记习总书记提出的焦裕禄式县委书记的"四有"，时刻告诫自己"一日无为，三日不安"的工作责任意识。县委书记要率先带头，正一县之风，聚一县之力，为县域脱贫致富和经济社会全面发展凝聚正能量。

（三）"一线指挥部"的总指挥

习总书记多次强调，县委书记就是"一线总指挥"。作为"一线总指挥"的县委书记，在脱贫攻坚、全面建成小康社会的大决战中，可谓集政治责任与社会责任于一身，处于极为关键的地位，发挥着"纽结"中的核心作用。习总书记在《摆脱贫困》中谈到，如果把国家喻为一张网，全国 3000 多个县就像这张网上的纽结。"纽结"松动，国家政局就会发生动荡；"纽结"牢靠，国家政局就稳定。而这个"纽结"是松动还是牢靠，起聚力作用的是县委书记这个"一线总指挥"。打赢脱贫攻坚战，中央的政令、政策能不能得到具体贯彻落实，能不能面对本县困局，科学筹划，合理部署，指挥若定，县委书记这个"一线总指挥"举足轻重。

当好"一线总指挥"，对党忠诚是前提，勇于担当是关键，做人干净是根本。县委书记是县域脱贫攻坚的核心，掌控着整个县域内脱贫攻坚社会发展人、财、物的调配权和决定权，其政治素养和觉悟不单单是个人的问题，而是关乎整个县域脱贫攻坚战的走向问题。县委书记要牢记总书记教导，做到"心中有党，心中有民，心中有责，心中有戒"。要做政治的明白人、脱贫攻坚的开路人、贫困群众的贴心人、班子的带头人。对于贫困群众的脱贫致富、全面小康，县委书记必须在其位谋其政，负其责尽其力，困难再多、难度再大也应知难而上，担负起为贫困群众谋福祉的责任，必须时刻保持政治清醒，坚定对党忠诚，不辜负党和人民的重托。

当好"一线总指挥"，务必树立起脱贫攻坚的信心，面对艰巨繁重的脱贫攻坚任务，必须要有第一责任人的政治责任和历史使命感。只要坚定这份信心，就一定能够打赢这场攻坚战。中共中央、国务院对新时期脱贫攻坚战工作已经作出了明确部署，提出了"四个切实""五个一批""六个精准"。作为决战在一线的"总指挥"，县委书记必须积极行动起来，结合本县实际情况，因地制宜地采取行之有效的措施来落实中共中央、国务院的决定和上级的指示精神，提高自身指挥脱贫攻坚的水平和工作能力，把脱贫攻坚引向深入并取得最后的胜利。

当好"一线总指挥"，必须切实树立脱贫致富的新政绩观。然而，在目前脱贫攻坚大格局的环境下，还有某些县委书记的作风和工作依旧存在很多问题。由于掌握着人、财、物大权，统领着整个"四套班子"（党委、政府、人大、政协），县委书记成为腐败的重灾区，受贿、贪污、生活作风不检点的案例频频被新闻媒体报出，形式主义之风、官僚主义之风、享乐主义之风、奢靡之风的"四风"问题依旧没有能够彻底解决。还有一些县委书记急功近利，为了作出扶贫脱贫成绩，片面强调表面工程，不考虑社会价值和生态后果。还有一些县委书记看上去整天都在忙忙碌碌，但是实际工作效率却很低，放不下架子去倾听贫困群众的疾苦和困难，步子很沉，总是不愿意到偏远的交通不便的贫困地方调研，人浮于事，脱贫工作难以开展。这些问题必须坚决克服，要彻底地洗心革面，自觉地树立起以为贫困群众服务为荣，以带领贫困群众摆脱贫困为荣的理念。总之，县委书记要以县域脱贫致富、实现小康为基本价值尺度，对照检查，三省吾身，不愧"一线总指挥"这一光荣的称谓。

当好"一线总指挥"，必须紧密结合县域内致贫实际情况，科学筹划，搞好脱贫攻坚的顶层设计。面对新时期、新形势、新任务、新环境，要切实完成脱贫解困、全面小康任务，就务必全面筹划。未来的 5 年，是"十三五"规划实施的 5 年，脱贫攻坚的一切任务安排应紧密契合党中央"十三五"规划的要求，清楚认识到发展是扶贫攻坚的最好方式，认识到充分合理地利用市场规律是扶贫攻坚最为行之有效的途径。必须牢固树立习近平总书记在"十三五"规划中指出的"创新、协调、绿色、开放、共享"的发展理念，结合当地实际情况，在原有的"输血式"扶贫的基础上进行产业升级，提高产业效能，发挥内生动力，将投入的资金切实有效地转化为现实生产力，把过去的"输血式"扶贫根据不同贫困乡村的实际情况逐步转变为自身"造血式"的扶贫模式，为每一户贫困人口提供一份有尊严的收入。

当好"一线总指挥"，必须充分开发利用县域的自然资源优势，从而形成贫困地区一定的产业基础。脱贫致富地区的历史一再证明，没有产业的发展就不可能有生产力的提高，生产力不得到提高就无法实现持续的财富获取和积累，没有财富的积累想要真正摆脱贫困就成了空谈。产业发展不仅可以为精准扶贫创造优秀的条件和环境，产业发展更加能够为精准扶贫创造无限的可能性，提供持续的原生动力。现阶段，我国贫困地区的基础条件普遍有了较大的改善，基础设施的建设配套在逐步提高，很多地方也有了一定的产业基础。对于"一线总指挥"而言，未来脱贫攻坚的要义就在于，切合当地的实际情况选对扶贫脱贫产业项目，找出一条具有当地特色、符合民情民意的致富路子，充分结合和利用市场导向，来提高生产效率、内生动力。要当好新时期的"卖货郎""服务员"，寻找优秀的项目企业来县域内投资，为贫困群众提供资金和就业机会，利用产业推进扶贫脱贫工作。要寻找专业的人才团队帮助解决县域的扶贫脱贫难题，寻求符合当地发展的脱贫致富机制。应将整个县域的资源整合成一个平台，利用一切可以利用的资源提高县域扶贫脱贫工作的成效。同时，作为"一线总指挥"，县委书记还要扮演好"服务员"，首先是为贫困群众服务，一心一意为人民着想；其次是为引进的企业项目服务，合理合法地在最大程度上为这些企业项目提供全方位的支持和帮助，为产业发展提供良好的环境条件，降低市场交易成本，加速县域市场化的步伐。要引导产业结构调整，强调生态建设与环境保护工作，减少高能耗低效能的落后小企业，实现资源可持续的发展目标。要团结、调动一切力量，把扶贫脱贫工作作为最为重要、最为实际的头等工作来全力推动，协调各部门狠抓落实，形成上下联动、齐抓共管的大脱贫格局。

三、脱贫攻坚的指挥方略

习总书记多次指出，脱贫攻坚的基本方略就在于精准扶贫、精准脱贫。十八大以来的扶贫脱贫实践也证明了，精准扶贫、精准脱贫基本方略是正确的、可行的。党中央精准扶贫、精准脱贫的基本要求是要做到"六个精准"：扶贫对象精准、项目安排精准、资金使用精准、措施到户精准、因村派人精准、脱贫成效精准。关键是必须解决好"扶持谁""谁来扶""怎么扶""如何退"等一系列精准问题。而实施精准扶贫、精准脱贫，从当前贫困县域的具体情况分析，还应实行"三个坚持"的指挥方略，即坚持以产业发展破局，坚持着眼国家脱贫大格局，坚持立足前沿把控好全局。

（一）坚持以产业发展破局

经济指标是衡量贫困的重要指标之一。越是贫困的地区，越是金融的盲区。企业在以改变原有生产和运营方式参与到扶贫中来以后，发现在这一过程中也能找到"商机"。所谓的"商机"，并不是真的能从农户中赚到多少钱、得到多少实惠，而是根据企业自身发展需要，把产业链一环下放给农户，以项目带动农户，用项目收入反哺企业，从而实现双赢的可持续发展。所以，通过产业引入、支持产业发展，从而改善贫困地区经济条件，增加贫困群众收入，就成为"一线指挥部"精准扶贫、精准脱贫破局的指挥方略。

经济学认为，贫困是人民群众应有的福祉被剥夺，个人以及家庭没有足够的收入来满足基本需要。同时，人们普遍认为，贫困是一种公共劣质品，贫困状况如果不得到彻底改善，每个社会成员都可能使得生活环境变坏。因而，增加收入、改变贫困就成为人们反贫困的主要期盼。但是贫困人口的固有思想都是期望他人来帮助消除贫困，从"输血式"扶贫中受益。在这种思想理念下，贫困人口的心理预期是靠政府提供支持来解决贫困问题，但这在操作的可行性与持久性上是绝对得不到满足的。因此，经济学认为提升贫困地区内生动力，采取"造血式"的开发型扶贫，充分发挥市场机制的扶贫脱贫作用，才是最行之有效的方式。"造血式"的开发型扶贫脱贫，对于市场来说意味着消费能力的增强，对政府来说意味着社会更加稳定，分配机制更加公平。

县级党委和政府务必要把握住产业破局的指挥方略。要准确地摸清本县各个乡镇、村的总体底数，清楚地了解当地贫困面积有多大，贫困人口有多少，贫困程度有多深，致贫的原因是什么，潜在的资源优势各是什么，从而因贫困乡镇、因贫困村、因贫困户、因贫困人制宜，有针对性地规划好每一个个性的脱贫计划方案，科学地制定未来 5 年内每一年的工作任务指标，细化到每一个时间节点，使得扶贫脱贫工作的开展透明化，也使得扶贫脱贫成果有数据可依、有数据可查。

对于一些贫困程度严重的县区，扶贫脱贫工作可能需要先"输血"，以完善贫困县区的基础设施建设，稳定政治经济大环境，改变贫困人口的思想观念，为吸引产业投资做好铺垫，为产业"引进来，落下去"等"造血"措施的实施打下良好的基础。要使前期以"输血"为主，中期"输血""造血"两手抓，最终使后期以"造血"为主。对于贫困程度较低的县区，要从"以收入划分贫困"的模式逐步转变为"以产业能力、发展来看待贫困"这一理念。经济学指出，没有投入就没有产出。县级党委和政府要千方百计加大对产业扶贫脱贫工作的投入力度，不仅是加大财政资金的投入，更多的是要做好项目投入、技术投入、人才投入、政策投入的配套协调工作。以改革创新投融资体制机制为动力，多渠道、多手段、多方式加大产业扶贫脱贫投入。努力做到强化行业部门投入机制，强化社会力量扶持投入，鼓励市场主体、社会组织和个人参与扶贫脱贫产业开发，探索建立扶贫脱贫资源资本化投入机制、金融机制，强化贫困人口资产性收益机制等。活用贫困地区当地的特色资源、贫困集体所有权资源、贫困人口持有的潜在资源等，让贫困人口从这些本有的资源中获得收益。在"扶持谁"和"如何扶持"的基础上，结合实际找准一条产业稳定增收、县域稳定脱贫的最佳途径。

县级党委和政府的扶贫脱贫工作成效如何，不仅受制于资源投入的规模，也取决于资源投入的结构和方式，在精准扶贫脱贫工作中选对产业方式可以提升扶贫脱贫资源的配置效率。把脱贫解困问题放到市场机制中，市场会给出最为行之有效的资源配置方式。因此，县级党委和政府非常有必要和市场建立起互利关系和合作关系。市场是资金、资源的撬棒，而这也是精准扶贫脱贫工作所需要的。充分发挥和利用市场机制在精准扶贫脱贫的产业开发中的作用，通过引入市场主体要动力，通过引入市场机制要活力，从激发市场的潜力中形成扶贫脱贫产业开发的合力，推动扶贫脱贫资源配置的市场化，实现效益最大化和最优化。充分利用市场配置扶贫脱贫资源，最大的好处是让贫困群体在脱贫以后，能够更好地融入到市场中去，创造自身价值，不至于脱贫后又返贫。

四川省内江县在精准扶贫脱贫的工作中，结合当地的实际情况，创新了扶微助小的金融扶贫机制，推出了小企业小额贷款、商超供应商贷款、个人经营信用贷款等一系列信贷产品来扶持县域内的小微企业自主创业发展，从而带动了区域经济发展。他们的办法是，由政府和金融服务中心带头，建立专门服务于小微企业的团队，启用快速响应机制来提高它们适应市场的能力，高效解决了小微企业融资的难题。同时还专门为小微企业量身定做了服务方案，不仅加强了对小微企业的监管，也助力了小微企业的发展。内江县的小额信贷机构积极、有效、合理、合法地简化了小微企业的融资流程，承诺提供一站式的金融服务，处处为小微企业着想，大大助推了县域以产业为主的开发扶贫脱贫。截至 2015 年 10 月，全县对小微企业的贷款额度达到 2.02 亿元，累计支持小微企业客户 200 余户。

（二）坚持着眼国家脱贫大格局

中国目前的贫困现状主要发生在乡、村，但是县级党委和政府的扶贫脱贫工作，却不能单单从县域的发展来考虑解决贫困问题，无论是县委书记、县长，还是县委、县政府的各个部门，都应该也必须要站在更高的层面、用更加长远的眼光来思考县域扶贫脱贫这一重大社会问题，学习运用和贯彻国家对于脱贫大格局的定位与思路，着眼国家大局，立足县域实际，统筹兼顾，科学地实施县域产业发展扶贫脱贫工作。

社会学认为，贫困是一种社会排斥现象。个体与群体的断裂，特别是老、弱、病、残等弱势群体，没有充足的公民权利参与经济社会活动，由此，社会包容政策就成为反贫困政策的重要工具。社会学家从个人和家庭在社会中处于弱势的角度分析，认为贫困分为剥夺和社会排斥。剥夺的概念，主要讲的是由于资源缺乏而产生的贫困；社会排斥的概念，讲的是贫困个体与社会整体的断裂，诸如因技能缺乏、丧失健康、住房问题等原因，而无法平等地获得公共资源、参与劳动力市场、获得基本公共服务，其本质是缺乏平等的公民权利。那么，县级党委和政府如何利用精准扶贫脱贫这个大方略来解决这些贫困问题呢？

县级党委和政府要清楚认识到缓解和消除贫困是政府的职责所在，公民的权利都是平等的，而且越是贫困的人口越需要帮助。精准扶贫脱贫要求的就是精准，所以必须在县域建档立卡的大数据里，将本县贫困人口按照致贫原因科学地进行分类，对于个别致贫情况特殊的需要特殊对待。具体来说，对属于剥夺类型的贫困人口，政府需要根据实际情况投入资源，有些地方可能是当地的物质资源比较丰富但是缺乏劳动力资源、技术资源和开发资金等等，那么县级党委和政府就应主动地引入这些资源。而对于属于社会排斥类型的贫困人口，扶贫脱贫的目标就应是实施"两不愁，三保证"，以满足贫困人口的平等权利。

习总书记曾多次强调教育在扶贫脱贫工作中的重要性，指出"扶贫必扶智"，再穷不能穷教育，摆脱贫困需要智慧。培养智慧，教育是根本，教育是拔穷根、阻止贫困代际传递的重要途径。他还一再强调：绝不能让贫困家庭的孩子输在起跑线上。让贫困地区的孩子们接受良好教育，是扶贫开发的重要任务。脱贫县的党委和政府，要立足全国、省区、市区的教育资源，想方设法积极推动县域教育资源的整合利用，充分利用已有的教育资源，加速开发新的教育资源来培养孩子，以提高他们自身的能力，为以后创造社会价值做储备。对于本县区的贫困劳动力，脱贫县的党委和政府，要与县外的教育培训资源融合，组织加强专项专业的知识技能培训，提升贫困劳动力的技能素质、社会素质，使他们更好地融入社会市场之中，平等地享受公共资源和基本公共服务。

对于"社会保障兜底"的贫困人口，要积极推动落实国家统筹协调农村扶贫标准和农村低保标准，并加大其他形式的社会救助力度。要积极落实国家医疗保险和医疗救助、新型农村合作医疗和大病保险政策，构筑完备的县域社会保障制度，完善本县基层医疗体系，对贫困人口适度倾斜，真真切切维护失能贫困群体的医疗服务基本权利，真正推动本县扶贫脱贫工作的有效性，防止因病返贫等现象的发生。

（三）坚持立足前沿把控好全局

立足前沿，就是立足贫困群体的前沿。相较于以前的粗放式扶贫脱贫模式，现在的扶贫脱贫格局强调的则是精准扶贫、精准脱贫，这个精准，就是强调要帮扶最前沿、最需要帮助的贫困人口，只有把这些最前沿的贫困人口的贫困问题解决了，我们脱贫攻坚的任务才真正算是落实到位了。要做到精准，县级党委和政府领导就必须深入贫困户中，去了解和倾听贫困人口的诉求，掌握贫困人口最真实的贫困状况。

在以往的扶贫脱贫工作中，一些县区不同程度地存在一些缺陷。例如，更多的是在"扶农"而不是"扶贫"，帮扶的对象是一些中高等收入的农户，而非最困难最需要帮助的贫困人口。导致这些问题的原因，主要是没有立足贫困人口前沿，对于帮扶对象的情况不够了解，政策、资金的指向性不明确，针对性还不够精准。所以扶贫脱贫工作一直存在扶不到真贫的问题。而精准扶贫脱贫，就是要针对不同贫困乡、村的情况，不同贫困农户的实际状况，运用科学有效的程序对扶贫脱贫对象实施精准识别、精准帮扶、精准管理。要坚持政府为主导，有效调动市场和全社会各界资源参与，制定出符合当地贫困情况的最优扶持脱贫计划，从而达到扶贫脱贫对象自我发展、摆脱贫困的目的。只有最前沿的贫困问题得到了有效解决，尤其是产业开发问题得到了解决，县域社会的稳定、政治的长治久安、文化教育的发展，才能够得到有效保障。所以，县级党委和政府的精准扶贫脱贫工作，务必要立足贫困人口前沿，切实为最贫困的人群服务。

立足贫困前沿，还要把控好本县的扶贫脱贫全局，要立足前沿，整体推进。2016年是全面深化改革具有关键意义的一年，县级党委和政府这个"一线指挥部"，施策用谋必须与党中央的大政方针相契合，要把具有标志性、引领性、支柱性的改革任务牢牢抓在手上，主动出击、贴身紧逼、精准发力。对于本县的改革，一方面要落实好党中央部署的改革任务，另一方面要搞好探索创新。要在坚持全国一盘棋的前提下，确定好改革重点、路径、次序、方法，创造性落实好党中央精神，使改革更加精准地对接脱贫攻坚所需。要吃透《中共中央、国务院打赢脱贫攻坚战的决定》精神，制定完善落实机制，从实际出发，从具体问题入手，见物见人，什么问题突出就着重解决什么问题，使脱贫攻坚任务落地生效。

总之，扶贫脱贫攻坚，机遇与条件并存。县级党委和政府要真正发挥好"一线指挥部"的作用，充分利用五级联动这一自上而下全员发力的脱贫体系，立足最贫困前沿，把控好全县脱贫全局，精准统筹，精准施策，精准发力，把握时间节点，奋力开创脱贫攻坚崭新局面。

第六章

"决战2020" 的主力战手

中国贫困村脱贫致富的实践证明，外部的帮扶确实在贫困村脱贫致富中起着重要的作用，但从总体看和长远看，脱贫致富的决定因素还是在贫困村这个内因。外因是变化的条件，内因是变化的根据，外因只有通过内因才能起作用。实例一再说明，贫困村只有在村级领导班子的共同努力下，锐意进取，团结奋斗，才能使外部的帮扶发生效力，脱贫致富才能落到实处，取得实效。摘掉贫困帽子的贫困村无一不是具有一支强有力的村级领导班子队伍，他们在脱贫攻坚中的模范带头作用已被实践深刻地证明。《中共中央、国务院关于打赢脱贫攻坚战的决定》明确指出：切实加强贫困地区农村基层党组织建设，使其成为带领群众脱贫致富的坚强战斗堡垒。无疑，在这场由省、市、县、乡、村五级联动，并肩作战的脱贫攻坚战中，村级领导班子是冲锋陷阵的排头兵，是脱贫攻坚的主力战手。

一、主力战手的脱贫攻坚地位

"村子富不富，关键看班子；班子强不强，关键看班长。"这是人们对于农村"两委"班子地位的形象概括。贫困村脱贫致富，以村党支部书记为"班长"的村"两委"领导班子，处于无可替代的前沿主力战手地位。

（一）脱贫攻坚战的前沿指挥者

村"两委"处于脱贫攻坚战的最前沿。上面千条线，下面一根针。党和政府脱贫攻坚的所有政策、决定都要靠村"两委"去落实。如何结合贫困村的实际，一户一户摘掉贫困帽子，他们是实际的指挥者。这户怎样，那户如何，在五级联动的脱贫攻坚战体系中，村"两委"最有发言权。如何打，往哪打，先打哪，后打哪，能不能取胜，类似这些最翔实最基础的问题，最终由他们来决定。

在当前这场脱贫攻坚的伟大战役中，村级领导班子的核心领导地位必将再次提升到新的高度。他们的历史地位是由我国的具体国情决定的。消除贫困、实现共同富裕，是我国社会主义制度的本质要求。改革开放以来，我国以政府为主导的扶贫开发取得了举世瞩目的成就，成功减少贫困人口近 7 亿人，成为全球首个实现联合国千年发展目标贫困人口减半的国家。贫困村的村级领导班子作为上联党和政府、下联千家万户的桥梁和纽带，宣传执行党和政府脱贫攻坚战的方针政策，落实各项脱贫攻坚战措施，是党和政府在贫困地区最前沿的直接指挥力量。贫困村的成功摘帽，贫困群众的脱贫致富，全都凝聚着村"两委"领导班子的心血和智慧，村"两委"领导班子是脱贫攻坚战中不可替代的前沿指挥者。

（二）脱贫攻坚战的公务当家者

村"两委"是一个村公共事务的当家者。一个贫困村的脱贫攻坚，涉及一个村的所有贫困群体、农业开发、农村整治、环境改造、养老、医疗、教育等等，事务繁杂，能不能管得好，关键是当家者。

脱贫攻坚是一场拉锯战，贫困村的当家者必须要努力"吃透两头"，一头是吃透党和国家脱贫攻坚战的政策方针，一头是吃透村里的实情和贫困群众的所思所想，让两头的关注和思虑相对接。在工作方式方法上，讲究抢前争先，抢前掌握实情，抢前备足功课，掌握本村打赢脱贫攻坚战的主动权，不等不靠、自我加压，先人一步、快人一拍，在带领贫困村民脱贫致富的道路上，争做"领头雁"；在工作原则上，坚持一碗水端平，无论是安排脱贫资金、调整农业项目，还是确定人员培训，等等，都要客观对待，不袒不护，公道正派。要敢于担当，勇于创新，廉洁自律，做人干净。

（三）脱贫攻坚战的财富管理者

当家者，就要管村里的财富。脱贫攻坚战中，将会有大量的经费物资扶持贫困村，例如环境整治、公共服务等扶持性费用，能不能管好、用好相关经费物资，发挥效益，关键是村"两委"领导班子。

村"两委"领导班子的财富管理者地位，是由我国扶贫脱贫开发工作的特点所决定的。在我国，扶贫脱贫开发工作，既是一种政治行为，更是一种经济行为。党和政府将调动大量的人力、物力、财力投入贫困村的扶贫脱贫开发工作，贫困地区的村"两委"领导班子是这一行为最直接也是最终的组织者、管理者、落实者。从历史到现实，党和政府对扶贫脱贫开发工作一直坚持精准到村、精准到户、精准到人的方针。如何把扶贫脱贫资金、扶贫脱贫项目等措施真正落实到贫困户、贫困人，各级扶贫机构和帮扶组织固然发挥着重要作用，但贫困村村"两委"领导班子才是最熟悉本地情况的团队，他们扎根于广大贫困家庭之中，能在贫困状况的把握、项目的提出、资金的使用上起到精准管理的作用。我国扶贫脱贫开发工作的实践证明，贫困村的脱贫致富，村"两委"领导班子的财富管理者地位，亦是极为重要的。只有精打细算，管好、用好党和政府投入的每一笔资金，发挥好所有人力、物力、财力的作用，才能提高脱贫攻坚战效能。

案例：

长营村，是黑龙江省的一个行政村，位于尚志市一面坡镇西部。40多年前，长营村是全市有名的花钱靠贷款、生活靠救济、吃粮靠反销的"三靠村"，而今天的长营村是拥有固定资产 2 亿多元，农民人均收入 2 万多元的全国 500 强村。长营村的脱贫致富，可以说是以村支部书记张秀林为"班长"的村"两委"领导班子艰苦奋斗、勇于作为的结果。

张秀林上任之初，村集体账面上仅有 3.46 元，外债却有 17 万元。当时，他和两名支部委员凑了 600 元，修好了趴窝的拖拉机，赊了 5 吨柴油。一入冬，他就和村会计、两名司机到老街基威虎岭林场倒套子，拉木头。他们四人分成两组，昼夜倒班，歇人不歇车。东方红链轨拖机车没有驾驶室，跑起来风像刀子一样，棉袄一吹就透，脸、手一会儿就木，冻得人哭的心都有。几天下来，手冻裂了，手背肿起老高，五个指头都伸不直，脸冻得乌黑，夜晚回到木头搭起的木刻楞房子，鞋和脚冻在一起，半天脱不下来。这一冬，他们四个人用汗水赚回来 18000 元。第二年，他们花了 9800 元添置了一台 28 型胶轮拖拉机，接着上山，一冬天挣了 5 万多元。他们以"滚雪球"的方法，一点一点积累资金，相继办起了运输队、制钉厂、制筛厂、农机修配厂等村办企业。1976 年，他们终于还清了外债。到 1978 年，建起了四合院的大队部，集体存款已达 100多万元。

1983 年实行承包责任制时，曾有人逼着张秀林把村部大院、机车、厂房都变卖分掉，不然就给他难看。但他态度很坚决，坚持保留下来。正是因为集体经济的优势，长营村的村民才从中得到了真正的实惠。1986 年，村"两委"领导班子利用村办企业积累的资金作为本金，成立了全省第一个农民合作基金会，办起了运输队，发展运输专业户 66 户。1993 年，他们又承揽了 301 国道 36 公里的土石方运输任务，全村 100 多辆车的工程车队在工地施工，两年为村里赚回了 1300 万元。

为解决村里人多地少的问题，村"两委"领导班子经过激烈争论，最终把目光放在了修建哈绥铁路遗留的臭水坑、火烧塘上。这些坑塘最深的地方有 7 米多，最浅的也有 5 米多。填坑造田，当时有许多群众反对，说这是做梦，是把钱往水里扔，村里电线杆上还贴满了"打倒张秀林，长营才能富"的标语，甚至有人把大字报贴到了镇政府的大门上。但张秀林坚信，土地是农民的命根子，长营村土地太少了，要想让乡亲们过上好日子，还得靠地。他认准了这个理，一定要把这件事做成。就这样，村"两委"领导班子带领村民开始了"填坑造田"工程。他们在工地上搭起了 100 米长的塑料大棚，几十个人就吃住在里面。白天到 5 公里以外的山坡放炮取土，晚上平地，累了就在大棚里睡一觉，饿了啃两口干粮，喝两口菜汤。一次，张秀林头昏眼花一头栽倒在 5 米多深的水坑里，差点淹死。当他第二次昏倒的时候，村民把他送到了医院，一检查是心脏病和糖尿病。他的老伴哭着说："老张呀，你就是不为我和儿女想，也得为老爹、老妈想想呀！他们都老了，你可不能有个三长两短呀！"来看他的村民们把病房挤得满满的，有的是从工地直接赶过来的，身上、鞋上都是泥。每想到这些，张秀林都会眼睛发热。最终他没住院，在工地上一边打针一边指挥。13 年下来，他们投入资金 786 万元，异地运土 368 万立方米，硬是人工造了 1480 多亩高产水田，村庄土地面积也翻了一番，比原来土地面积多出 110 亩，等于再造了一个长营村。张秀林被黑龙江省政府授予"当代愚公"称号。在填坑造田历程中，他虽然多了两样终身不能治愈的疾病，可长营村却有了发展的本钱。

此时的长营村村民已经不愁吃穿了，但村"两委"领导班子的工作却没停歇。2001 年，张秀林跑东北农业大学十几趟，金学泳教授被他的诚意感动，同其他三位教授一起到长营村考察。当看到他们的人工造田，金学泳立马同意与他们合作，成立了全省第一家村级水稻高新技术研究所。2003 年，在人工造田的基础上，他们租赁周边一镇一乡六个村 8820 亩耕地，成立了拥有面积 10300 亩的尚志市长营现代农业园区。2008 年，长营村出资 480 多万元收购原尚志市种子公司，注册 500 万元资金，成立黑龙江省长营种业有限公司，形成了集科研、实验、示范、生产、推广、销售于一体的良种产业。

参与繁育良种的群众毕竟有限，为了让更多村民致富，村"两委"领导班子经过考察把目标放在效益高、优势明显的浆果上。面对群众的犹豫观望，张秀林包了三辆大客车，拉着全村 100 多人，到省内外浆果产区考察了五次，并采取为种植户提供苗木、水泥桩及钢线等办法，这才有 60 户勉强答应种树莓。可树莓种下去要第二年、第三年才见效益。第二年一开春，就有 47 户把树莓苗全部拔掉，又种上了玉米、大豆。他非常心疼，看着大片被拔掉的树莓苗，他流下了眼泪。村民张守义，和村里的几位党员和村干部坚持了下来。两年后，张守义的浆果收入达到 10 万元，比种大田高出 10 倍。如今，他被市里评为树莓种植大户，年收入 60 多万元，日子过得越来越红火。如今，当地的浆果种植面积已发展到 6 个村 840 户 1 万多亩。

为了让果农增加效益，村"两委"领导班子又决定在村里自己建加工厂，走产加销一条龙。几百万的资金怎么办？张秀林组织召开村委会，动员村"两委"领导班子成员每人筹资 10 万元，那天的会议一直持续到夜里 12 点多。回到家他一夜没睡，早上 5 点就坐在朋友家门前等，一直等到7点，向朋友借了70万元。工程进行到一半，钱又不够了，7月初就要摘果了，厂子建不成，果子就得烂在地里，损失的不只是钱，更重要的是村"两委"班子的信誉和形象。最终在市委、市政府的帮助下，协调银行贷款500万元，终于将冷冻厂建成了，当年投产见效。如今长营食品公司已经发展成拥有4000多万元资产的冷冻加工企业。

现在，长营村形成了良种、浆果、运输、奶牛、旅游五个支柱产业，建有黑龙江省长营食品有限公司、黑龙江省长营种业有限公司、黑龙江长营林木有限公司、长营物流运输公司、黑龙江省尚志市长营现代农业园区、哈尔滨长营水稻高新技术开发研究所，拥有配备58台大型农机具的农机作业合作社，1000头饲养量的奶牛养殖牧场，12680亩的人工林。

在发展产业的同时，长营村也在不断加强基础设施及公益建设，修建白色路面7200米，砌水泥边沟14400米，水泥桥686个，护坡石砌挡墙3600米，植绿化树5万棵，草坪2万平方米，花草1万平方米，铁艺围栏1万延长米，各户标准铁艺门686套，已实现了硬化、绿化、美化、香化，大大提升村民生活环境。投资265万元，建成了一处1800平方米集办公、培训、文体娱乐等"六位一体"的综合服务楼。配置了电视机、VCD机、电脑、多媒体放映设备等，建村图书室，购置5000余册图书，丰富了村民业余文化生活。综合服务楼成为村民开展科技培训，学科技、学文化和娱乐的重要场所。建成了8000平方米的村民娱乐广场、篮球场、村卫生所、计划生育服务室，新建4800多平方米的村民住宅楼，从而大大改善村民生存条件。

与此同时，长营村连续多年实施惠民措施，对村民建新房、买楼房的给予补助5000元—10000元。60岁以上的老人根据年龄给予一定数量的养老金。村民病故后给予500元丧葬补助款。村民子女考入大学的每学期补助500元。对原村老干部每年发放1000元慰问金。新型农村合作医疗个人应交部分由村承担。根据集体经济收入所得按比例分给村民一定数量的资金。村集体公益事业需要村民出工时，由村集体按出工数量发工资。村里一事一议所涉及的需村民出资部分，全部由村集体支付。村委会扶持本村村民扩大树莓种植面积。对村民有致富项目缺少资金的，由村委会帮助协调贷款，使村民从不断壮大的集体经济中真正得到实惠。

张秀林连续十多次被省委授予优秀共产党员或党务工作者称号，是全国劳动模范、全国创业之星、全国和谐之星、全国"3·15"金质奖章获得者。张秀林及村"两委"领导班子40多年的脱贫攻坚实践证明，一个贫困村要想脱贫致富，必须有一个一心为村民着想、敢于担责任的"当家人"，必须有一支不怕艰辛、敢于尝试的村"两委"领导班子。实践告诉我们，打赢脱贫攻坚战，村"两委"领导班子的地位是无可替代的。

二、主力战手的脱贫攻坚作用

作为脱贫攻坚战的主力战手，村"两委"领导班子长期扎根一线，最熟悉村里的贫困情况，最了解本村致贫的根本原因，最能有效地因户施策、因人施策。脱贫攻坚战目标任务在村、在人的落实上，根本上还是靠村"两委"领导班子的实践。作为主力战手，村"两委"领导班子在脱贫攻坚战中的作用，最充分地体现在脱贫攻坚的核心战斗力、基础创造力和中坚凝聚力上。

（一）核心战斗力作用

习近平总书记讲，提升脱贫攻坚内生动力，核心是要激发所有贫困者的脱贫战斗力。而村"两委"领导班子是核心战斗力，它的战斗力是否强大，决定了贫困村能否打胜这场脱贫攻坚战。

战斗力，在军队是完成战斗任务的能力，在贫困村脱贫攻坚战中，体现的就是村"两委"领导班子脱贫攻坚的能力。战斗力的高低由打击或者摧毁对方目标的多少而定。我国当前的扶贫脱贫工作是一场攻坚战，村"两委"领导班子作为这场战役的主力战手，要发挥脱贫攻坚的核心战斗力，消灭本村所有的贫困户和贫困人口。从实例看，也只有村"两委"领导班子，才有这样的核心战斗力作用。

案例：

江苏省兴化市戴南镇董北村曾经是"书记只剩下桌子，会计只剩下戳子，集体只剩下个空壳子"的小渔村。如今的董北村，2014年全村实现社会总产值56亿元，集体经济收入2286万元，农民人均收入4.6万元。

1983年初，31岁的董北村会计张文德接任村党支部书记时，村集体账上负债5万多元。面对全村父老期待的目光，张文德掷地有声："现在穷是事实，以后穷是罪过！"他向村民们承诺："给我3年时间，让董北大变样，否则村'两委'领导班子集体辞职。"

承诺之后是行动。面对当时"粮食过千斤，分配无现金"的现状，村"两委"领导班子确立了工业强村的思路。经多方市场调查，村里决定白手起家兴办金属制品厂。张文德连续跑了几趟，求镇领导帮助，向戴南信用社贷款2000元做办厂启动基金。没有厂房，他们就把办公室腾出来；缺流动资金，张文德就把家里仅有的积蓄拿出来。张文德带领一班人辛苦打拼，八方"吆喝"，金属制品厂终于为董北村掘来"第一桶金"。此后，经过多次技术更新和产品升级，如今的江苏兴龙金属制品股份有限公司，已成为全市乃至全国不锈钢钢丝绳产业的龙头企业，产品出口50多个国家和地区。

董北"大家庭"有钱了，一些村民也当上了老板。可村"两委"

领导班子清楚，还有一些困难户没什么经济来源。如何才能不让一户掉队，真正实现"家家富"？张文德在一次村"两委"领导班子会议上，提出了"家家有项目，户户有技能，天天有收入，人人有保障"的奋斗目标。

董北村企业江苏兴龙金属制品股份有限公司

为了给村民就业、创业搭好平台，董北村投资兴建了一个占地 300 亩的不锈钢废旧材料市场，一下吸纳了 400 多户进场经营。对一些家庭困难的村民，村"两委"商量后推荐他们进企业做工。村民周兰香双腿残疾，就介绍她到江苏兴龙金属制品股份有限公司做一份力所能及的工作，这一做就是 15 年。像她一样，全村 12 名有劳动能力的残疾人全部被安排到企业上班。还有几百号村民在市场从事物流服务，一年总共可获劳务收入 300 多万元。

张文德的手机 24 小时开机，只要村民有事，一个电话，保证 5 分钟内赶到。他说："村民找到我了，他的事情就是大事急事，我就是董北村的 110。"2009 年大年除夕晚上 9 点多钟，连日忙碌的张文德刚上床，手机响了，是住在公寓楼的打工者打来的，说整幢楼突然停电了。张文德睡意顿消，赶紧打电话请村电工在 5 分钟内赶去抢修，并要求"就是拉根专线，也要保证他们能看上春节晚会"。

最近 10 年来，村里相继投资 2800 万元建成全省第一家农民疗养院，投资 1200 万元建成第一所村级实验小学，村民和外来工子女一律免费就读。村里每年为村民免费体检一次，并为每人办理了养老、医疗、财产、工伤等保险，还为年满 65 周岁、75 周岁的老人分别发放两个档次的养老补助金。

"这些年，董北村集体每年都有几千万元资金进进出出，可张书记没有签过一张单据和发票。"村会计王松山介绍的这个情况，简直让人不敢相信。原来，村里财务"一支笔"是村委会主任张明荣。张明荣与年长他 10 岁的张文德在村里共事 30 年了，两个人整日为村里的事操劳着，无论工作上还是感情上都觉得"互相离不开"。戴南镇党委副书记、人大主席拜磊说，其实凭张文德和张明荣的本事，自己要想当老板，早就成为千万富翁了，可他们就喜欢为村里忙，就喜欢踏踏实实做一些造福董北村村民的事情。

"要让董北家家富，村集体也得富。"2009 年 3 月，村里与兴化农村合作银行成立金纽带信用互助公司，本村 196 户企业组成信用大联盟，一个月内获得银行授信贷款 1.63 亿元，当年这些企业多赚 3000 多万元，而作为总担保方的村集体也从中获益超百万。

早在 1999 年，董北村"两委"领导班子就请专家编制村庄规划，按照康居村的要求建设新家园，现已建成村民别墅 500 多幢，村里累计投入 5600 多万元建设路桥、供排水、绿化亮化、保洁等公共设施，村庄"远看像园林，近看像花园，生活在乐园"。

1996 年，董北村成立了兴化市第一个村级党委。张文德主动辞去兼任的戴南镇副镇长职务，一心一意地带领村民走"工业兴村"之路。当年，董北村组建龙头企业——江苏兴龙金属制品股份有限公司，村办工业年产值达到 6500 万元。然而，进入 21 世纪前后，董北村村办企业资金链断裂，银行上门逼债，搞得张文德官司缠身，村党委 9 个委员先后有 6 个辞职去"自谋职业"。张文德开始了痛苦的思想"涅槃"，一条新的发展思路渐渐明晰——对江苏兴龙金属制品股份有限公司实施改制，鼓励、扶持企业管理人员和全村能人办厂开店，变村办企业"一枝独秀"为民营经济"百花争艳"。

董北村总体规划设计

董北村联排别墅

董北村村容村貌（一）

董北村村容村貌（二）

如今的董北村抓住江苏兴龙金属制品股份有限公司这个母体，通过改制放开、鼓励引导，又发展起 50 家生产不锈钢钢丝绳的企业。目前，全村不锈钢制品加工企业已发展到 100 多家，工业强村路子越走越宽。占地 300 多亩，有 400 多个店面的董北不锈钢市场年交易额达 10 亿元，有效地拉长了产业链条，推动了第二、第三产业的联动发展。由 40 多家不锈钢制品企业联合组建的"江苏董北不锈钢进出口有限公司"如同一支"联合舰队"，挺进国际市场多年，获得了更为广阔的发展空间。

（二）基础创造力作用

有学者曾言，全世界资产阶级的富，富得都是一个样，而全世界无产阶级的穷，却穷得都不一样。面对千奇百怪的致贫原因，如何因户施策、因人施策，关键在于村"两委"领导班子能否基于既有资源发挥好基础创造力作用。村"两委"领导班子最熟知每家每户致贫的原因，也最了解哪些资源有助于贫困户加速脱贫。整合既有资源，重新排列组合是一种基础创造力，这种基础创造力有助于最大限度激发贫困群众的脱贫渴望，有助于充分发挥和放大外部帮扶资源的杠杆效应，有助于快速提高脱贫致富的放大成效。

创造力与一般能力的最大区别就在于它的独创性，是一种无定向、无约束地由已知探索未知的思维方式。按照美国心理学家吉尔福德的看法，当发散思维表现为外部行为时，就代表了个人的创造能力。可以说，创造力就是用自己的方法，创造新的思维、新的实践，殊于他人，唯一无二。在这个"大众创业、万众创新"的年代，村"两委"领导班子作为脱贫攻坚战的排头兵、主力战手，他们的创造力决定着贫困村的脱贫攻坚战成效。贫困村"两委"领导班子的这种基础创造力作用，使贫困村成功摆脱贫困的事例不胜枚举。

案例：

山西省大同市南郊区口泉乡杨家窑村，从沟壑纵横的不毛之地，到层层梯田披绿，瓜果飘香；从传统农业到初步实现现代农业产业化、园区化；从破旧的村落到排排别墅、绿色宜居的魅力乡村；从没有一家村办企业到 10 家企业共同发展；从人均收入不足千元到突破 3 万元……短短 10 年，完成了从穷山村到"塞北第一村"的华丽转身。这种华丽转身，原因是多方面的，但基本的原因应归于他们的创造力。

杨家窑村旧村落

联排别墅

2004 年之前，杨家窑村是远近闻名的落后村。由于水土流失严重，村民种一年地只能勉强解决温饱，好多人外出打工。当时，同煤集团（大同煤矿集团有限责任公司的简称）要在村里占地建设塔山煤矿，涉及征地拆迁，导致纠纷，村民们多次上访，杨家窑村也成了令人头疼的

"上访村""告状村"。2004 年，"富二代"郭占君经营着年产值超过 3 亿元的家族化工企业。为了改变杨家窑村的面貌，上级想到了他。因为郭占君在村里生活的时候，人缘好，有号召力，大家有事都愿意听他的建议。临危受命，时年 39 岁的郭占君想得较多——回村干，家族企业不可避免有损失，村里的事一旦出现差池就是两头不落好；若不干，又对不起上级的信任，更辜负了村民的期待。最终，他选择了回村担任党支部书记、村委会主任。

"村官"难当。为了征地补偿款，不少村民纷纷找他要说法。郭占君及时召开村"两委"会和村民代表大会，听取各方意见和建议，将征地补偿款按户均分，维护了大多数群众的根本利益，平息了上访事件。在村里，郭占君常说的一句话就是："大家有事来找我，不要去上访，上访就是为了解决问题。你们越级上访，最终还得找我解决。我解决不了的，我会带着大家依法上访。"从 2004 年任职以来，村里再无一例上访事件发生。

服务煤矿办起系列村企。塔山煤矿建在村边上，这在很多人看来，是对贫瘠山村的另一种"蚕食"。但在郭占君看来，塔山煤矿却为村办企业提供了很好的客观条件。他用经营企业的方式经营村子，也用发展企业的模式发展村里的经济，变拦路石为垫脚石。2004 年，郭占君率领村"两委"领导班子抓住塔山煤矿入驻的机遇，依托煤矿，服务煤矿，造福村民。通过采取独资、合资的形式，融资 5.02 亿元，先后建成了七个生产和生活类项目，年实现地区生产总值 4.2 亿元。卧龙广服务公司是第一个村办企业，公司组织村民组成运输队，专门为塔山煤矿运输煤矸石。公司总投资 500 万元，采取股份制经营模式，村集体占股份的 51%，村民占股份的 49%，这样极大地调动了村民的积极性，还解决了 105 名村民的就业问题。仅卧龙广服务公司一年就收入 5000 多万元，村民们这才真正觉得好日子来了。

在此之后，这种"集体引领、人人参股、共同富裕"的创新模式，被广泛应用于其他村办企业，屡试不爽。2006 年，村里引资 4000 万元建成可容纳 2100 多名职工住宿及餐饮的四幢塔山职工公寓，年增加收入 450 万元；2007 年，总投资 1.7 亿元成立了七峰山水泥有限责任公司，吸纳劳力 160 余人，年生产水泥 100 万吨，产值 2.5 亿元；2008 年，引资 1 亿元建立同塔建材有限责任公司，与同煤实业总公司合作组建煤矸石烧结项目，年产砖 2 亿块，实现了资源循环利用；2011 年，投资 6000 万元建成一个小型搅拌站和八个项目部集中服务区，年增收 1000 万元……现在，村民们常说，"靠山吃山是本经，服务煤矿才是真，村企结对同前进，互帮互促才会赢"。

建全国一流的奶牛基地。村里脱贫富裕了，村民们的生活改善了。这几年，村"两委"领导班子以建设现代文明示范村、科学发展领先村、农耕文化样本村为目标，创建全省最好、全国一流的新农村。他们利用村办企业带来的收入，先后投资 1.6 亿元，建成欧式别墅 178 套、板式住宅楼 190 套，小区内宽带网络、数字电视、视频监控一应俱全。村民们的生活绝对是一流的，令人羡慕的。与此同时，村里还建成了 6600 平方米的综合服务大楼和 1 万平方米的铭心广场，搭建了村民文体活动平台。

杨家窑村综合服务大楼

尽管如此，杨家窑村"两委"领导班子并没有停下前进的脚步。要是依靠煤矿，村里暂时不会有经济问题；但长期下去，煤矿资源会枯竭，只有转型发展，可持续发展才有出路。为此，村里开始大力发展特色农业，在推进农业现代化中实现转型跨越。郭占君积极推进规模养殖，投资 2.3 亿元新建了大同市四方高科农牧有限公司，建成 5000 头规模奶牛养殖园区。园区饲养纯种荷斯坦奶牛，引进德国等国家先进生产线，高薪外聘相关管理人员，打造全省最大、全国一流的现代化奶牛养殖园区。该园区全部投产后，总产值 1.6 亿元，可带动周边 2500 户农民就业。同时，园区每年生产的 4.3 万吨牛粪，将实行无害化处理，生产 3.5 万吨有机肥料，用于园林、花卉等种植业。

此外，杨家窑村还与台商合作，投资 3400 万元，建成 2 万平方米的连体温室、八个高标准温室大棚、一个种苗科研中心，主营名贵花卉蝴蝶兰，年产种苗 150 万株，成为华北地区最大的蝴蝶兰种植基地。

（三）中坚凝聚力作用

是否能把贫困群体凝聚起来打好脱贫攻坚战，村"两委"领导班子发挥着中坚的凝聚力作用。只有村"两委"领导班子团结了、坚强了，才能凝聚一切力量，攻坚克难，最终打赢这一攻坚战役。因此，村"两委"领导班子首先要不断提升凝聚力，疏通关系，解决矛盾，消除内耗，多一点理解、少一点摩擦，多一点支持、少一点拆台，充分发挥好班子的整体力量，发挥好班子的最佳效能。

在脱贫攻坚的第一线，村"两委"领导班子是党和政府联系贫困农民群众的桥梁和纽带，肩负着带领广大贫困群众加快脱贫致富奔小康的艰巨任务。"基础不牢，地动山摇"，国家顶层设计纵有脱贫攻坚千条线，贫困村脱贫致富也只有村"两委"领导班子这一根针。贫困村的村"两委"领导班子，条件艰苦，工作辛苦，唯有与广大群众心往一处想，劲往一处使，广泛凝聚力量，脱贫攻坚才会见成效。

案例一：

广东省佛山市罗南村位于禅城区南庄镇西部，面积 4.75 平方公里，下辖九个村民小组，户籍人口 3800 多人，党员 153 人，外来人口约 6000 人。罗南村在村党总支（党委）书记关润尧的带领下，用 5 万元起家，发展出一个资产 10 多亿元的企业集团。

罗南村的发展，离不开村党委的政治分析能力和驾驭能力。罗南村党委工作思路和措施具有超前性，体现了民意，在村民中具有很强的凝聚力和号召力。关润尧结合罗南村实际，通过大力推进基层组织建设，加大党员干部培训力度，使村党委和村委会成为罗南村现代化建设的领导核心。罗南村党委坚持向村民代表、共产党员报告工作和通报情况，自觉接受党员和村民代表的监督，听取村民代表的意见和建议，发挥工会、共青团、妇联的人民团体桥梁纽带作用，以政务公开、财务公开、信息化、规范化推进村"两委"领导班子重大决策科学化和民主化，充分体现村民知情权、参与权和监督权。村委会的收支情况每月由理财小组审单后，在村委会和各村小组的公布栏公布。在每年的总结大会上，村党委向党员和村民代表公布每年的开支预算和决算，并通过不定期召开村民大会，将村内的重大事情向村民公开。

罗南村党委很重视法制教育，开展形式多样的普法宣传活动，罗南村已形成知法、守法、用法的社会氛围。罗南村在全村范围内安装了光纤摄像机监测器，并实行动态的治安管理，73 人的保安队伍 24 小时巡逻，形成了完善的治安防范网络。坚持依法治村，健全和落实民主管理制度，全面推行村务公开。抓住信息化建设契机，率先应用农村管理信息系统，实现农村管理信息化，大大提高了村务和财务公开的透明度。

关润尧书记主持召开党员、村民代表大会

两个文明建设突出的成绩，使罗南村得到了上级的充分肯定。罗南村党委先后被中央组织部评为"全国农村基层组织建设工作先进党支部""全国先进基层党组织"，被广东省委评为"广东省红旗基层党组织"，被佛山市委、禅城区委评为先进基层党组织。村委会被评为"全国文明村"、"国家级生态村"、"全国民主法治示范村"、"创建全国文明村镇先进村镇"、"全国群众体育先进单位"、"全国绿色小康村"、"广东省先进集体"、"广东省乡镇企业十强村"、"广东省文明村"、"广东省生态示范村"和"广东省卫生村"。

案例二：

重庆市九龙坡区海龙村也是一个典型的实例。这个村，曾是一个让人失望的贫困村：2001 年村集体负债 70 多万元，村民年人均收入不足 1600 元，80% 的群众散居在土房里。村民"三天一小吵，五天一大吵"，集体上访不断，犯罪案件频发。更棘手的是，村干部走在街上，常有人翻白眼、吐唾沫、说怪话，大家对"村官"充满了怨恨。8 年后，这个破败无序的穷村却焕然一新：村集体年收入 412 万元，全村年人均纯收入达 9643 元，是重庆市农村人均纯收入的 1 倍多，银行存款总额超亿元，不少家庭拥有了舒适的楼房。更让人称道的是，2002 年以后，村子再没有发生一例治安案件，没有发生一次上访事件。同样是这块土地，同样是这些村民，为什么在短短8年时间发生如此翻天覆地的巨变？是以鄢静为村党总支部书记的村"两委"领导班子点燃了海龙村战胜贫困的希望之火，引领、推动着海龙村由穷到富、由乱到治。

"只有把党员组织起来，才能形成基层的战斗堡垒。"海龙村把组织网络植入社会的"神经末梢"，积极构建城乡统筹的基层党建新格局，为科学发展营造良好环境，通过多办看得见、摸得着的实事，大大增强了基层党组织的凝聚力。

徐瑞君在海龙村创办靖悦公司前，从来没有想过入党，甚至对在民营企业发展共产党员很抵触。老板不喜欢的事情，员工自然不愿顶着干。调漆工陈开群参军时曾在老山前线立过三等功，是一位从枪林弹雨中闯过来的老党员，但他在公司却一直"隐姓埋名"，成了一名"地下党员"。鄢静认为，组织建设不能有盲区，只有把党员组织起来，才能形成基层战斗堡垒。他单刀直入说："靖悦公司有400多人，要成立党组织。"对此，徐瑞君很是不屑。鄢静不泄气，一次又一次找徐瑞君谈心。他说："发展党员不仅符合党和国家的利益，也符合企业的利益。企业有了党组织，党员就可以发挥榜样的作用，会形成一种向上的氛围；企业还多了一条同党和政府沟通的渠道。"徐瑞君耐不住鄢静的苦口婆心，就让步了。6位"地下党员"随即公开身份成立党支部，陈开群被选为支部书记。

诸如这样的案例还有很多。贫困村在脱贫致富过程中，村"两委"领导班子精诚团结是前提。广泛凝聚村民力量，充分发挥他们的主体作用，提高其政治参与度，提升其脱贫致富的能力，提高村民的生产经营组织化程度，必将增强广大村民对村"两委"领导班子的信赖认同感。这样一来，村"两委"也成为党和政府凝聚广大社会力量的基础。

三、主力战手的脱贫攻坚举措

一时脱贫并不难，难的是保持可持续性脱贫。村"两委"领导班子作为脱贫攻坚战的主力战手，工作生活在脱贫攻坚的第一线，肩上责任重大。同时，贫困村脱贫攻坚，经常会面对很多棘手的新问题，村"两委"领导班子必须明视问题，勇于克服自身不足，不断锻造打赢脱贫攻坚战的硬实力。

（一）隐忧的问题现象

脱贫攻坚是一个常提常新的话题，尤其在当下，贫困成了全面建成小康社会的最大短板。要补齐这块短板，我们首先应该正视贫困村当前面临的突出问题。

1. "一高一低一旧"现象普遍

当前的贫困村，留守农村的以妇女、儿童和老人居多。村里有文化、有思想、有能力的青壮年大都外出务工或创业经商，不愿或无法投入到村级事务中去，导致村"两委"领导班子队伍存在"一高一低一旧"的现象。"一高"，即年龄偏高：在贫困村"两委"领导班子队伍中，成员年龄老化现象比较严重，工作起来力不从心；"一低"，即文化程度偏低：贫困村"两委"领导班子成员大中专以上文化程度的比例很低，大多以小学、初中学历为主，一定程度上制约了村"两委"领导班子的能力建设；"一旧"，即贫困村"两委"领导班子成员思想观念较陈旧，能力明显不足。总之，贫困村"两委"领导班子队伍的年龄结构、知识结构和能力结构尚需进一步优化。

2. 民主法治观念比较淡薄

民主法治是农村政治文明建设的内在要求，也是贫困村脱贫攻坚的政治保障。当前，我国农村"两委"领导班子的民主法治水平还不高，广大贫困落后地区村"两委"领导班子的民主法治观念更是十分淡薄。究其原因，笔者认为，一是经济发展的滞后。试想贫困村连最基本的温饱问题都不能解决，"两委"领导班子又怎么关注民主政治权利等问题呢？广大的贫困村"两委"领导班子往往忙于生存生计，没有精力对本村民主政治权利给予重视和进行法律知识的学习。经济上的贫困，使他们忽视了或者丧失了民主法治建设。二是历史传统和习俗的落后。我国经历了两千多年的封建社会，在一些经济特别贫穷、交通和信息特别闭塞的贫困村，时常出现村干部仗势欺人、随意打骂群众的恶劣事件。村干部的势力很大，广大贫困群众大多敢怒不敢言。还有些地方贫困村的干部家族势力庞大，家族内部的各种家规家法残酷森严，在许多情况下这些家法家规甚至取代了法律、法规。三是教育条件的落后。贫困村"两委"领导班子往往文化知识水平比较低、科学知识比较贫乏，无法对法律、法规进行自主的学习和深入的研究，民主法治思想无法通过知识这个渠道进入他们的头脑。即使给予他们系统学习法律的机会，他们也时常由于文化水平所限望而却步。四是立法及执法的落后。贫困农村有很多法律的真空地带，比如农民的负担问题、农村基层政权建设的问题等在贫困地区更为突出。在贫困村司法、执法上存在的问题也很多，比如执法机构不健全、执法人员素质不高、司法腐败、执行困难等等。这些问题都是导致贫困地区农村"两委"领导班子民主法治观念淡薄的主要原因。

3. 财务管理不规范、不透明普遍存在

当前，一些贫困村"两委"领导班子还存在财务做账不及时，建账不规范，多头报账，虚列开支，隐瞒收入等不透明、欠廉洁现象。究其原因，思想政治素质是关键性因素。党中央明确要求各项扶贫脱贫资金沉淀到村、落实到户，而一些贫困村"两委"领导班子尤其是村党支部书记居然弄虚作假，中饱私囊。特别是在村级重大项目建设、村务财务公开等方面，既不主动向上级党委、政府汇报，也不向村民公开。村级财务不清、不公开、不透明，成为当前影响贫困村稳定、引发村民上访的重要原因。这些问题不能克服，脱贫攻坚是绝对不可能实现的。

（二）问题的原因剖析

贫困村"两委"领导班子建设之所以存在以上诸多问题，原因是多方面的，不能一概而论，总体上讲既有历史原因，也有现实因素。

1. 选举文化与乡土文化欠融合

相对于中国几千年生生不息的乡土传统文化，作为现代政治文化核心要素的选举文化进入乡村社会时间不长，两种文化还处于碰撞磨合阶段。传统乡土社会以宗姓为基础结成网络，在思想上表现为宗亲家族观念，具有一定抱团排外特点，不仅民主意识和理念匮乏，还心存抵牾。宗族势力不仅在换届过程中从提名到票决全程施加影响，对换届后村"两委"领导班子决策还可形成舆论压力和票决压力。因此，乡土社会文化在很大程度上还影响着贫困村"两委"领导班子民主化建设的进程和质量，影响着村"两委"领导班子的执政能力。

2. 村级集体经济薄弱是症结

自实行家庭联产承包责任制后，多数村村级集体经济实力弱化，甚至非但没有任何集体经济，还欠下很多债务。从掌握的资料看，很多贫困村年集体经济收入几乎为空白，村级集体经济可支配收入微乎其微，村"两委"领导班子"无米下锅""无钱办事"的矛盾非常突出。一方面，贫困村"两委"领导班子为群众办实事的条件有限，群众长期得不到实惠；另一方面，群众对村"两委"领导班子缺乏认同感和信任感，也导致贫困村"两委"领导班子的工作积极性和主动性受到很大抑制，出现村"两委"领导班子难选、难当、难留的"三难"问题。再就是贫困村"两委"领导班子人员的经济待遇低。在我国的脱贫攻坚战中，涌现出了很多的创业致富带头人，他们的创业愿景和创业实践，大大激发了贫困群众的创业热情。别人都在努力发展自身产业，村"两委"领导班子成员却是按务工天数廉价计酬，这也影响了提振村"两委"领导班子工作的积极性。再加之物价高涨，以待遇留住村"两委"领导班子成员的难度逐年加大。

3. 村"两委"领导班子成员生成机制不健全

一些贫困地区，乡镇党委、政府对村"两委"领导班子的培养、选拔和任用缺乏完善健全的工作机制，导致选举失真，甚至产生"劣币驱逐良币"现象。有的乡镇对村"两委"领导班子重使用轻培养，对村"两委"领导班子的教育和培养抓得不紧，资金和精力投入不够，也造成了难以打造高素质的贫困村"两委"领导班子队伍的问题。

（三）脱贫攻坚能力锻造

随着国家脱贫攻坚战的深入推进，贫困村脱贫致富工作将面临新一轮的严峻挑战。建设一支适应新时期打赢脱贫攻坚战任务的村"两委"领导班子队伍，锻造其脱贫致富能力和带动能力，就成为加快贫困村、贫困人口脱贫致富的关键举措。

1. 健全选任机制

健全贫困村"两委"领导班子选任机制，当前主要应把握好一下几点：一是把好政治素质关。要把政治素质好放在选拔村"两委"领导班子的首位，在发展贫困村党员干部时，要对入党干部进行多种形式的考试考核，严把入口关，从源头上把住村"两委"领导班子队伍的先进性和纯洁性。二是优化结构。围绕优化村"两委"领导班子结构，在配备支部班子、选配村委会班子时，应充分考虑年龄、文化结构，应以40岁左右、高中以上文化程度者为主，并考虑有利于形成年龄梯次、文化专业结构优势。三是拓宽选配渠道。村"两委"领导班子选任也要讲究各行各业、五湖四海，致富能手、复员军人、大学生村官、打工能人均可纳入候选范围。国家目前正在积极选派干部驻村帮扶，其中有 17 万人担任村委第一书记。四是加强贫困村"两委"领导班子后备人才的培养。以乡镇为单位建立健全村级后备干部人才库，有计划地选送贫困村优秀青年农民、复员军人、优秀村官等接受各种职业和专业培训，参加实践锻炼，使之尽快进入角色。

2. 加强管理监督

一是健全考核机制，科学设置考核项目标准。对贫困村"两委"领导班子成员绩效考核实行定量和定性考核，考核内容要涵盖脱贫攻坚政策、基础组织建设、农副业发展与管理、社会事业、安全维稳等。考核方式应多种多样，也可用创建活动的方式进行，比如开展"星级党组织"创建活动，基层党组织从一星到五星分级定类，以星级标准倒逼贫困村"两委"领导班子开展创建活动，实施建设性考核。二是健全培训机制，充分发挥各种培训资源的作用。分期、分批次对村"两委"领导班子成员，尤其是村支书和村主任进行理论培训、技术培训，切实帮助贫困村"两委"领导班子更新观念，增强脱贫致富本领。应择优选择一些素质高、能力强的村"两委"领导班子典型，发挥示范、辐射、教育、带动作用。要加大力度组织贫困村"两委"领导班子学习外地先进经验，成功典型，开拓思路。三是健全管理机制，构建全方位、网格化管理机制。建立健全考察和民主评议制度、上级党委和村"两委"领导班子谈话制度、村务公开和民主管理等体制机制，重点对贫困村财务收支、扶贫脱贫资金使用等情况每年进行一次全面审计，打造廉洁贫困村"两委"领导班子队伍。

3. 积淀村集体经济

发展壮大贫困村集体经济，是加强贫困村"两委"领导班子建设的物质基础。我们前面列举的案例，都有一个共同的特点，那就是村级集体经济在发展中不断壮大，为村子各项建设奠定了基础。村"两委"领导班子一方面要管好用好现有集体经济，使其发挥最大的经济效益；另一方面也要因地制宜发展新的集体经济，充分利用贫困村的土地、矿产、生态等资源，结合国家扶贫脱贫开发政策措施，积极探索发展集体经济的多种模式，变资源优势为经济优势。上级党委、政府应加强对贫困村集体经济工作的领导，帮助搞好贫困村经济管理和发展规划，建立发展贫困村集体经济的激励机制，切实为贫困村经济发展提供良好的条件。

4. 适度提高村干部待遇

贫困村"两委"领导班子，除在政治待遇上给予适当的考虑外，在经济待遇上要给予必要的保障，以调动贫困村"两委"领导班子的积极性、主动性，稳定村"两委"领导班子队伍。贫困村干部的基本工资标准应该随着县域经济发展逐年提高，福利待遇根据贫困村集体经济条件适时调整。贫困村"两委"领导班子干部的报酬继续实行乡镇统筹统发制，并纳入财政预算，确保贫困村"两委"领导班子干部待遇的落实。同时，建立贫困村"两委"领导班子干部激励机制，及时表彰奖励表现突出的村干部。对卸任村干部根据任职期限长短给予适当的补贴，以解决他们的后顾之忧，使贫困村"两委"领导班子干部感到有奔头、有保障。

案例：

贫困村创业致富带头人培训工程

为落实精准扶贫工作的目标要求，国务院扶贫办于 2014 年创设了贫困村创业致富带头人培训工程，旨在通过对贫困村的致富能人进行系统培训、创业指导、持续服务，在更大范围内通过发展产业带动贫困群众脱贫致富。

这一成功的培训实践，对于加强贫困村"两委"领导班子建设，有着针对性的借鉴意义。

福建省泉州市蓉中村是本工程在全国设立的首家培训基地，培训工作自 2014 年 10 月正式启动以来，在村支部书记、全国人大代表李振生的直接领导下，已先后对甘肃、宁夏、福建、湖北等省、区近 500 名学员进行了系统培训，学员以贫困村村支部书记、村委会主任为主。一年多的实践证明，选择以村级领导班子成员为主要培训对象进行系统培养，不仅提升了个人脱贫致富能力，更能为全村摆脱贫困贡献力量。

国务院扶贫办贫困村创业致富带头人福建蓉中培训基地开班合影

福建蓉中培训基地创新提出了"1 + 11"的培训模式。"1"，是对参训学员进行为期 1 个月的集中培训；"11"，是参训学员返乡后再安排扶贫志愿者（帮扶导师）进行 11 个月的持续帮扶与督导，这一阶段的核心任务是培养扶贫志愿者，筛选帮扶项目，结合参训学员所在村的产业实际，实现帮扶项目真正落地。

福建蓉中培训基地"1 + 11"培训模式的核心内容概括起来讲就是"123"工程，即一个模式、两个重点、三支队伍建设。

一个模式，即产业扶贫模式，以帮扶产业为主线，以"师傅带徒弟"模式为推手，通过培育点（参训学员、扶贫志愿者）、连成线（师徒结对），形成片（多个帮扶产业落地），最终通过产业扶贫，打造一乡一业、一村一品的良好发展环境。

两个重点，即重点培养村级领导班子成员、民营企业家扶贫志愿者。两个重点对象的培养，为产业扶贫奠定人才和智力基础。

三支队伍建设，即专家顾问队伍、参训学员队伍和扶贫志愿者队伍。专家顾问队伍由全国知名的品牌、市场、产业、资本、电商专家，行业内知名企业家和立足学员所在地区的种养殖专家教授组成，其职责是为创业项目可行性进行评估，提出意见、建议。参训学员队伍以村级领导班子成员为主，通过在"1"阶段的培训学习，点燃创业激情，提出创业计划。扶贫志愿者队伍主要由民营企业家和社会名人组成，为"11"阶段的系统发展找准项目、市场等优势资源。在"11"阶段，培训基地根据扶贫志愿者的带动能力与辐射范围，通过科学设计考核指标，建立晋升淘汰机制，根据年度脱贫攻坚情况，对表现优秀的扶贫志愿者给予表彰。

参 考 文 献

1. 习近平：《摆脱贫困》，福建人民出版社，2014。

2. 习近平：《之江新语》，浙江人民出版社，2015。

3. 习近平：《做焦裕禄式的县委书记》，中央文献出版社，2015。

4. 习近平：《携手消除贫困　促进共同发展》，在 2015 减贫与发展高层论坛的主旨演讲，2015。

5.《中国扶贫开发年鉴 2015》，团结出版社，2015。

6. 左常升：《包容性发展与减贫》，社会科学文献出版社，2013。

7. 李小云，张雪梅，唐丽霞：《当前中国农村的贫困问题》，《中国农业大学学报》，2005。

8. 赵华明：《对边疆贫困地区经济发展的思考》，《昆明冶金高等专科学校学报》，2002。

9. 王琳，邬沧萍：《聚焦中国农村老年人贫困化问题》，《社会主义研究》，2006。

10. 李忠慎，罗莹：《民族地区农村反贫困研究》，《管理观察》，2015。

11. 黄国勇，张敏，秦波：《社会发展、地理条件与边疆农村贫困》，《中国人口·资源与环境》，2014。

12. 丁建军：《我国 11 个集中连片特困区贫困程度比较研究——基于综合发展指数计算的视角》，《地理科学》，2014。

13. 鲍二伟：《革命老区贫苦人口脱贫问题研究——以榆林市为例》，西北农林科技大学，2013。

14. 刘亚萍，何怡：《浅析中国贫困地区基础教育现状》，《科技视界》，2014。

15. 张健淋：《在社区和农庄之间：中部地区村落形态演进方向——基于中部地区 30 个村落的经验》，华东理工大学，2015。

16. 涂维亮，乜堪雄：《中国家庭农庄的发展趋势·存在问题和发展路径选择》，《安徽农业科学》，2006。

17. 周孟亮，彭雅婷：《我国连片特困地区金融扶贫体系构建研究》，《当代经济管理》，2015。

18. 张召：《改革开放以来中国消费文化变迁研究——以北京市为例》，北京交通大学，2013。

后　记

　　《决战 2020：拒绝贫困》这本书是我这几年参与中国扶贫志愿服务工作的一些个人体会和总结。按照去年年底中央扶贫开发工作会议的决策部署，到 2020 年要确保所有贫困人口一道迈入小康，这不可不说是一场实打实的脱贫攻坚战。要打赢这场战役，需要全社会共同参与，殷切期望更多的企业、社会组织和个人能积极参与进来。

　　2012 年，我承接了对中组部评选的全国基层党建先进典型 100 强村党支部书记的培训工作，创办了"中国人民大学村官研究生课程高级研修班"，得到了时任校长陈雨露先生的高度赞扬和肯定。在和这些村官学员相处的两年时间里，我很受启发，很受教育，也很受感动。他们中的绝大多数都是带领村民脱贫致富的带头人，每个人都是一本脱贫致富的"活教材"，他们的很多经验做法值得广大贫困地区去学习和借鉴。

2014 年，"国务院扶贫办贫困村创业致富带头人培训工程"在福建省南安市蓉中村率先试点，受村官研修班优秀学员、蓉中村李振生书记的邀请，我参与了试点工作的前期策划与设计，也从此与扶贫志愿服务工作结下了不解之缘。之后受国务院扶贫办委托，我又先后承办了"国务院扶贫办扶贫创业志愿者（导师）培训班"、主办了"2015 减贫与发展高层论坛——乡村发展论坛"等活动。在参与这些工作的过程中，我深刻的体会到国家脱贫攻坚的现实状况，深刻的感知到国家打赢脱贫攻坚战的决心信心。如何保证到 2020 年现有标准下的贫困人口全部脱贫，我有一些个人认知和体会，希望能与关心支持国家扶贫开发工作的社会各界人士交流探讨，这也是编撰本书的初衷。

《决战2020：拒绝贫困》的出版，离不开热忱国家扶贫开发事业的领导、专家和优秀村官学员的关心和支持。首先要感谢国务院扶贫办刘永富主任。刘主任创新性提出的"消费扶贫"、"金融扶贫"等理念,对我启发很大,国扶办开发指导司海波司长对光伏扶贫、贫困村创业致富带头人培训工程等专项扶贫的顶层设计让我受益良多;同时要感谢中国品牌农业研究专家娄向鹏先生、中国"家文化"研究中心主任康华兰先生、北京农业嘉年华总策划人黄志浩先生给予扶贫志愿服务工作的大力支持和帮助;在此,还要特别对村官研修班的优秀学员李振生、马先富、潘健章、鄢静、张文德、谭泽勇、杨再炼表达由衷的敬意,他们已在尝试通过多种不同的方式参与国家的脱贫攻坚,希冀在特定的扶贫领域成为带领贫困群众脱贫致富的样板。

本书在写作之初,成立了以我为组长的课题组,成员包括:中国人民解放军军事院校教授、博士生导师、教学督导专家刘振起，中国人民大学农村发展研究所所长助理田丽敏，澳洲莫纳什大学风险管理学硕士、北京聚茶园网络科技有限公司 CEO 王筱甜，北京振起绿色健康管理有限公司副总经理张媛媛，中国人民大学农村发展研究所祁丹丹，中国人民大学在校硕士研究生刘德宇。写作实施由我和刘振起教授负责总体筹划、框架设计和全书统纂，最后由我定稿；田丽敏负责第三章、第四章、第六章的撰稿和组织协调工作；王筱甜、刘德宇负责第五章撰稿；张媛媛负责开篇撰稿；祁丹丹负责第一章、第二章撰稿。在此，我对课题组成员付出的心血和努力表示衷心的感谢。赵冬芳、孙岩、张丽君、沈齐、胡志刚等同事也作了大量辅助工作，在此一并表达谢意。

中国出版集团中国民主法制出版社社科图书出版分社社长胡孝文先生，从始至终跟踪了本书

　　的写作，提出了很多宝贵意见，对本书的成稿与出版作出了贡献。

　　打赢脱贫攻坚战，到 2020 年全面建成小康社会，是习近平总书记和党中央的重大战略决策，是国家"十三五"规划的重大任务，是国家和社会全维领域的巨繁工程，本书只是站在一定的角度做了粗浅研究，难免疏漏差错，敬请读者批评指正。

作者

2016 年 2 月于北京